이 나날의 돌림노래

이 나날의 돌림노래

사사키 아타루 지음 | 김경원 옮김

この　の　日　々　を　歌　い　交　わ　す

여문책

/ 차례

일러두기

- 이 책은 사사키 아타루의 『この日々を歌い交わす―アナレクタ2』를 우리말로 옮긴 것이다.
- 원서의 추가 설명은 본문 ( ) 안에, 역주 중 간단한 설명은 본문 [ ] 안과 하단 각주로 처리했다.
- 1,000년/1000년/천년: 기간을 나타내는 경우는 1,000년, 특정 연도는 1000년, 기독교 종말론과 관계된 경우는 천년으로 표기했다.

이 나날의 돌림노래

음악은 언어로 표현할 수 없다고? 음악을 향한 천진난만하고 느슨하면서도 손이 닿지 않는 하늘에 감도는 화려함에 멀리 손을 뻗쳐보려는 동경 때문이든, 어쩔 수 없는 줄 알면서도 손바닥에 굴려보고 싶은 마음 때문에 끈덕지게 물고 늘어지며 용을 쓰는 응어리 때문이든, 차마 들어 넘기기 어려운 말이라는 것은 변함없다. 언어는 음악을 우러러보기 위한 받침대도 아니고 음악을 붙잡기 위한 세심한 그물도 아니거늘.

이렇게 입버릇처럼 하는 말에 익숙한 사람은 잊고 있다, 무언가를! 바로 시를! 그리고 문자 이전에 존재한 문학의 유구한 역사를! 소견이 좁다. 그 편협함에는 이유가 없다. 물론 삐딱함과 속 좁음은 우리가 살아가는 이 시대의 상식이다. 많은 사람이 끌어안고 놓지 못하는, 내버리면 살아가기 어려워지고 목숨이 다할지도 모르는 사고의 기벽嗜癖이다. 알면서도 끊지 못하는 것은 무엇이든 입에 달다. 단것을 옆에 두지 않으면 적적해질 정도로 사람들은 이 나날에 지쳐 있다. 따라서 질책하지 않겠다. 어쩔 수 없는 일이다. 하지만 그렇다고는 해도⋯⋯.

발레리는 시를 "소리와 의미 사이의 오랜 망설임"이라고 불렀다. T. S. 엘리엇은 그답게 "시의 의미는 독자를 방심하게 만들고 그 틈을 타서 본질적인 것을 상대에게 몰래 잠입시키는 것"이라고 넉살좋게 말했다. 이런 것은 상식이 아니냐는 말을 훅 내뱉고 총총걸음으로 내빼는 것은 겁약한 행동, 억압에 의한 행동거지일 뿐이다. 온몸이 흠뻑 젖어 떨며 내놓은 우리의 솜씨를 쭈그러뜨리고 나른하게 시야를 차단하는 쌉쌀하고 우울한 가랑비 같은 생각에 굴할쏘냐. 그렇다. 언어를 정보로밖에 여기지 않는다면, 그리고 글을 단지 정보의 운반장치로만 여긴다면, 저 두 사람이 쓴 글의 의미는 눈에 들어오지 않으리라. 그뿐만 아니라 평범하고 칙칙한 말로 들릴지도 모른다. 사견이지만 이 두 사람은 20세기 5대 시인으로 반드시 손꼽힐 만하다. 눈을 그리고 귀를 모아보자.

2만 년 전 호모사피엔스가 탄생한 이래 우리 언어의 재질이란 무엇인가? 소리다. 의미다. 5,000년 전 문자의 발명으로 새로운 재질이 더해졌다. 캘리그래피calligraphy, 즉 '이미지'다. 자, 이것이다, 당신이다, 당신이 지금 이것을 읽고 있다. '이것이다' 할 때의 '이', '이'라는 문자다. 부드럽게 구부러지고 완만하게 몸을 비틀며 위와 아래의 선이 호응한다. '이', 이렇게 단순한 글자 하나에도 치밀하고 섬세한 그래픽, 회화적 요소가 내포되어 있다. 'g'라는 문자의 가벼운 흐름과 쌉쌀한 소리가 이루어내는 이유 없는 대비는 어떠한가. 기묘한 일이다. 언어 내부에는 소리도 있고 이미지도 있다. 그리고 의미라는 수수께끼 같은 것조차 그 속에 접혀 있다.

그뿐만이 아니다. 본래 문자는 '이', 'g'와 같이 떨어뜨려 생각할 수 있는 것이 아니다. 이를테면 에도 시대에 민중에게 일반적이었던 것은 해서[01]보다 초서[02]였다. 우리도 '근近' 자를 떠올리지 못해 당황할 때, 멍하니 눈길로 담배연기를 쫓듯 아무것도 없는 허공에 손을 내밀어 '근' 자의 획순을 그어보며 기억을 더듬고자 한다. 중세 라틴어 사본을 들여다보면 어떤 블록체로 쓰여 있다고 해도, 어렴풋하고 칙칙한 문자의 연속 안에서 '한 글자에서 다음 글자로' 넘어가는 매끈매끈한 운동성이 똑똑히 느껴진다. 정밀하게 기계적으로 나란히 놓인 검은 진주 같은 필적에 은밀하게 흐르며 나를 적시는 '무언가'의 흐름이, 세차게 솟구치는 언어의 수맥이……. 이런 것은 누구나 알고 있는 것이 아닐까. 글자를 쓴 적이 있는 사람이라면 말이다. 하나씩 잘려 나온 문자의 낱알을 툭툭 늘어놓은 끝에 하나의 글이 주루룩 흘러나오지는 않는다는 것을! 손가락이 피곤해지는 휴대전화의 자판 위에서 명멸하는 폰트를 찍어나가는 것조차 삐걱거리며 나아가는 한 토막의 운동성, 그 흐름이라는 것을!

언어는 소리다. 언어는 그림이다. 언어는 의미다. 그리고 언어는—글말이든 입말이든—흐름이다. 끊임없는 그림의 선의 흐름이며, 그렇기 때문에 그것은 회화일 수 있다. 언어는 소리를 포함한다. 이미지를 포함한다. 의미를 포함한다. 또 그것은 흐름이

---

01 楷書: 또박또박 쓴 방정한 한자 서체의 하나. 정서正書 또는 진서眞書라고도 한다.
02 草書: 곡선 위주의 흘림체로 된 한자 서체의 하나.

다. 막힘없이 무구하고 천진난만하게 시간은 굴곡을 품고 피투성이 방황의 길을 헤맨다. 실오라기 하나 걸치지 않고 글을 쓰고, 획순에 따라 쓰는 멈추지 않는 흐름! 그것은 하나의 춤이 아닐까. 그 자체가 하나의 춤이 아닐까. 글쓰기는 무도舞蹈의 흐름을 펼치는 것이고, 글 읽기는 춤의 동작을 몸으로 모방하는 것이다. 모리스 블랑쇼[03]를 인용할 필요도 없이 글을 읽고 쓰는 사람은 함께 춤을 춘다. 그렇다. 문장의 한 단락에서 우리는 목소리를 듣는다. 멜로디를 듣고, 리듬을 듣고, 노래를 듣는다. 그리고 글자의 정연한 아름다움, 캘리그래피의 선이 쉼 없이 넘치는 연쇄……. 이렇게 언어는 소리와 의미 사이를 유쾌하게 우물쭈물 망설인다. 언어는 의미에 숨겨진 은밀한 다른 것을 잠입시키려고 한다. 어둠을 틈타 몸을 숨긴 누군가가 떳떳하지 못한 선물을 야릇한 웃음과 함께 건네는 것처럼……. 언어는 노래한다. 언어는 묘사한다. 언어는 천명한다. 그리고 언어는 춤춘다. 언어는 삶 자체다. 결단코, 죽음은, 아니다.

이리하여 언어와 죽음, 문자와 죽음을 직접 연결해 생각하는 서양 형이상학의 역사는 돌연 무릎이 꺾인다. 언어는 죽음이 아니다. 문자는 죽음이 아니다. 생생한 체험이 언어나 문자 바깥에 있고, 언어나 문자는 그것의 뒤떨어진 복사에 불과한 것이

---

03 Maurice Blanchot: 1907~2003, 프랑스의 소설가이자 평론가. 『수수께끼의 사나이 토마스』 등 철저한 반사실주의적 소설로 주목을 받았고, 『불꽃의 문학』, 『문학의 공간』과 같은 평론집을 남겼다.

아니다. 무슨 소리냐? 나는 어이없게도 이렇게 쓰고 당신은 이렇게 읽고 말았다. 지금, 이렇게.

음악의 역사는 유장하다. 정말 길다. 약 4만 년 전 것으로 추정되는 가장 오래된 악기, 그것은 새 뼈에 구멍을 뚫어 만든 플루트였다. 타악기는 더 오래되었고, 춤은 더욱더 오래되었다. 문자는 새파랗다. 문자는 아직 젊다. 5,000년의 역사밖에 없는 젊은 예술이 3만 5,000년도 더 된 위대한 조상에게 예를 갖추지 않아서는 곤란하다. 하물며 문학은 끝났다는 둥 떠드는 것은 10만 년이나 앞지른 말이다. 문자란 소리이자 이미지이며 의미다. 그러므로 문장이란 의미를 짊어질 수 있는 노래이자 회화다. 그렇다면 이렇다. 문학은 그것만으로 종합예술이다. 젊고 어리기조차 한 종합예술! 젊으니까 잘못도 있겠지. 음악·회화·의미를 동시에 짊어졌으니 자부심이 지나친 나머지 치기도 부리겠지. 하지만 '이야기'와 '놀이'의 엄밀한 구별은 가능할까? 시를 중간에 세운다면, 그리고 시를 사랑한 일이 한 번이라도 있었다면―아름다운 언어를 사랑한 적이 없는 사람이 과연 있을까?―이야기하는 것과 노래하는 것을 가르는 선은 끝도 없이 긁혀 점점 점선으로 끊어지며 즐거운 소실로 향한다. 그렇다. 문자가 태어나기 전부터 우리는 타자에게 말을 걸고, 언어를 주고받고, 상대의 언어를 즐거이 들으며―돌림노래를 부르며―이 나날을 지내고 있지 않은가. 우리는 음악의 나날을 살아가고 있지 않은가. 인사의 노래를, 차를 마시며 나누는 소소하게 기쁜 이야기의 노래를, 웅변의 노래를, 사랑의 노래를, 매일같이 돌림노래로 부르고 있는 것은 아닐까. 우리는 음악과 언어가 마주치는 지점에서 삶＝언어를, 삶＝노래를, 삶＝음악을 살아가고 있다. 이것은 틀림없는 사실이다.

니체는 "산문이란 시와 벌이는 예의바른 싸움"이라고 말했다. 시가 되지 않도록, 노래가 되지 않도록 벌이는 싸움……. 그러나 그것이 본질적으로는 불가능하기 때문에 니체는 그것을 '싸움'이라고 불러야 했고, '예의'라는 청량한 말을 붙여야 했다. 산문조차 의미를 짊어질 수 있는 유일한 음악으로 이루어져 있다는 것을 외면하지 않는다. 음악은 언어를 끌어안고, 언어는 음악을 잉태한다. 무엇이, 무엇이 끝날 수 있겠는가.

『한밤중眞夜中』 No. 11, 2010년 초겨울호, 리틀모어출판사

기쁨, 우리가 없는 세계의: '대학의 밤'의 기록

웅변의 본질

(청중으로 가득 찬 불 꺼진 강연장을 둘러보며) 너희들, 나중에 여자애들이 들어오면 자리 좀 양보해라. 우리를 낳아준 것도, 우리 애들을 낳아줄 것도 여자니까 말이야. 이런 건 페미니즘도 아무것도 아니야. 비보이B-BOY주의야. 알았어?

자, 그럼 정식으로 시작하겠습니다. 안녕하십니까? 저는 사사키 아타루라고 합니다. 솔직히 말하면 오늘은 아무것도 준비해오지 않았습니다. 주최자가 다음과 같이 설명해주더군요. '대학의 밤'은 기본적으로 플래시몹, 즉 군중이 와하고 순간적으로 모였다가 와하고 흩어지는 모임이기 때문에 사사키 씨도 기본적으로 애드리브로, 즉흥적으로 이야기해달라고요. 따라서 말해준 대로 아무것도 없습니다. 빈손으로 왔어요. 저는 자주 이 근처를 어슬렁거리며 아스팔트에서 비 냄새가 나는 해질녘 거리를 이리저리 돌아다녔습니다. 와세다대학 일대도 참 많이 변했습니다.

아무것도 준비하지 않은 빈손, 빈털터리 상태로 마이크를 쥐었습니다. 본인이 무슨 이야기를 할지도 모른 채…….

이렇게 말하면 '뭐 저런 건성인 놈이 다 있담?' 할지도 모르겠습니다. 그러나 아무것도 정하지 않고 사람들 앞에 선다는 것은 꽤나 진땀나는 일입니다. 저는 많은 사람 앞에서도 전혀 긴장하지 않는 성격이지만, 이렇게 여러분이 자리를 가득 채워주었으니까 성의껏 이야기하려고 합니다. 어려운 일이지만…….

100퍼센트 즉흥적인 이야기라서 옆으로 샐지도 모르고 정리되지 않은 인상을 줄지도 모릅니다. 그래서 당돌하게 말하자면, 저는 학생 시절에 강의를 어름어름하는 강사를 철저하게 경멸했습니다. 도쿄대학 다닐 때 불교학의 권위자라는 사람에게 강의를 들었습니다. 그는 맨 처음 오리엔테이션 시간에 꼴사나운 표정으로 능글능글 웃으면서 이렇게 말했습니다. "멍청한 너희들이 제출하는 시시한 리포트 따위를 성심껏 읽을 마음은 없다. 리포트는 내지 않아도 된다. 내지 않은 사람은 나를 편하게 해주었으니까 고마운 마음으로 점수를 주겠다." 이것은 완전히 직무유기입니다. 사임해야지요. 그 자리에서 일어나 성큼성큼 교단으로 걸어간 저는 기가 질린 그의 눈앞에서 오른쪽으로 90도로 꺾어 강의실을 나왔습니다. 이 교수는 지금도 현역으로 유명한 사람입니다. 여러분도 속아서 문고본 한 권쯤 샀을지도 모릅니다.

그러나 학생을 업신여기고 청중을 조롱하면서 강의를 대충하려는 인간 중에 위대한 학자, 위대한 철학자는 결코 없습니다.

헤겔 전집은 거의 다 강의록입니다. 아시는 바와 같이 전집 중 생전에 그가 간행한 저서는 『정신현상학』, 『엔치클로페디』, 『대논리학』, 『법의 철학』 네 권뿐이고, 『미학』이나 『역사철학』 등 다른 유명한 저서도 거의 강의를 기록한 것입니다. 하이데거는 말할 필요도 없습니다. 베르그송의 강의도 훌륭하고, 칸트는 강의뿐 아니라 좌담의 명수로도 유명했습니다. 질 들뢰즈[01]도 그렇고, 푸코도 그렇고, 위대한 철학자치고 강의에 열정을 바치지 않은 사람은 없습니다. 아니, 강의에 서툰 사람은 없습니다. 물론 사람 앞에서 이야기하는 일에는 잘하고 못하는 차이가 있습니다. 성격 같은 어쩔 수 없는 요소가 있지요. 수줍음을 많이 타는 성격이라 도저히 다른 사람 앞에 서지 못한다는 이도 있으니까요. 그러나 적어도 강연이나 강의를 가볍게 여긴다는 것은 있을 수 없지요. 그 시점에 무언가 결정이 납니다.

왜냐하면 '웅변'이란 논증의 본질이기 때문입니다. 차라리 없느니만 못한 장식물이 아닙니다. 무슨 이유인지 다들 웅변을 좋지 못한 것으로 여깁니다. 웅변은 수상쩍은 것이라고, 본질적인 사고나 철학과는 다르다고 말입니다. 그러나 이는 전혀 옳지 않습니다. 웅변술은 그리스어로 '레토리케rhetorike'라고 합니다. 영어로는 '레토릭rhetoric'인데 수사학이나 변론술이라고 번역합니다. 보통 레토릭이라고 하면 언어의 묘미를 살려 궤변을 늘어놓

01 Gilles Deleuze: 1925~1995, 프랑스 철학자. 대표 저서로 『차이와 반복』, 『앙티 오이디푸스』, 『천 개의 고원』 등이 있다.

으며, 즉 입에서 나오는 대로 거짓말을 술술 하며 진실을 왜곡해 상대방을 설득시키는 기법이라는 식으로 생각합니다. 그러나 그렇지 않습니다. 아리스토텔레스의 『변론술』, 즉 『수사학』이라는 책에 쓰여 있듯, 이것은 실로 논증의 기예art입니다. 다시 말해 민회民會, 원로원, 법정, 또는 정치적인 공간에서 논증을 세우는 일, 즉 입증立證입니다. 증거와 근거를 제시하고 자신의 발언이 옳다는 것을 당당하게 이야기하는 '논증'의 기예야말로 웅변술입니다. 여기에 수상쩍고 좋지 못한 점이 어디 있습니까? 웅변은 철학적이고 정치적인 논증 자체의 순수한 기술art입니다.

아시겠지요? 웅변가이지 않은 철학자는 있을 수 없단 말입니다. 웅변을 못한다는 것은 논증을 못한다는 것을 의미하니까요. 여기에서 '웅변'의 정의를 새롭게 고쳤다는 점에 주의해주십시오. 잠시 제 얘기를 하자면, 저는 '문학'이라는 개념을 새롭게 고쳐 의미를 확대해 논의하고 있는데, 수정하기 이전의 협애한 문학의 의미로 제 논의를 비판하는 사람이 있습니다. 그런 소견 좁은 사람에게는 넌더리가 납니다.

본제에서 벗어났군요. 여러분도 웅변을 결여한, 즉 논증을 결여한, 다시 말해 학學을 결여한 강의를 듣고 염증을 느낀 적이 한두 번이 아니겠지요. 저도 뭐 이렇게 금방 자기 발등을 찍을 이야기를 하고 있지만요. (웃음) 언제나 좋은 이야기만 할 수는 없으니까요. 머리가 잘 돌아가지 않을 때도 있고, 이야기가 잘 풀리지 않을 때도 있습니다. 애초에 모든 사람에게 재미있는 이야기는 존재하지 않으니까요. 다만 노력할 따름입니다.

자, 무슨 얘기였지요? 이렇게 금방 잊어버립니다. 뭐였지요?

아 참, 그렇지······. 역시 위대한 철학자는 논의가 재미있습니다. 지금까지 나온 강의 중에 가장 재미있는 것은 푸코의 강의라고 봅니다. 저는 먼지를 털듯 번역이 이러니저러니 비판하는 사람이 아니기 때문에 그런 이야기는 하지 않겠습니다. 여하튼 저작과는 달리 강의할 때 푸코의 프랑스어는 무척 알기 쉽습니다. 푸코에 흥미가 있는 사람이라면 초급 문법을 익히고 독본을 한 권쯤 떼면 누구든지 읽을 수 있습니다. 생각지 않게 열기를 띠는 웅변, 그리고 망설임과 오류를 되풀이하면서도 단호하게 계속하려고 하는 의지가 펄펄 끓어오르는 듯합니다. 푸코의 강의에는 참된 의미의 웅변이 존재합니다. 감동적이지요. 꼭 도전해서 읽어보면 좋겠습니다.

그것과는 별도로 그가 이상적으로 여기는 강의가 있습니다. 다만 저는 불가능하다고 생각하는데, 그것은 20세기 최대의 철학자 루트비히 비트겐슈타인의 강의입니다.

처음부터 능력이 남다르다는 점은 그렇다 치고, 왜 저는 불가능한가 하면, ······그의 강의는 완전한 애드리브였기 때문입니다. 갑자기 강의실로 들어와 '지난번에 어디까지 말했지? 아, 맞다. 알았어. 그럼 계속해서 생각해보자' 하면서 바로 그 자리에서 생각해냈다고 합니다. 아주 무모하지요? 아무런 준비도 안 해오다니······. 어떤 때는 한 시간쯤 아무 말 없이 생각만 한다고 합니다. 상상해보세요. 눈앞에 있는 비트겐슈타인이 때로 고민하는 표정으로 어금니를 꽉 물고 생각에 빠져 있는 모습을······.

긴장감이 장난 아니겠지요. 이건 그의 전기에 나오는 이야기입니다. 이렇게 거의 전설적인 사람이 교단 위에서 뒹굴며 잠을 자고, 천장을 노려보며 생각에 잠겨 우우 신음하기도 하고…….
(웃음)

살짝 오해하면 변태 아저씨 같지만, 그것은 소름 끼치는 진지함의 끝판이지요. 지금 여기에서 생각하고 또 생각하는 모습을 보여준다는 것입니다. 그것은 괴롭습니다. 방법도 터무니없이 고통스럽고, 그 생각을 듣는 사람도 살이 문드러질 지경입니다. 따라서 한 사람 나가고 두 사람 나가서 매 학기에 다섯 명밖에 남지 않았던 듯합니다. 하지만 그곳에서 다양한 사색의 결정結晶이 생겨났습니다.

비트겐슈타인처럼 사람 앞에서 생각하는 모습을 보여주고, 사고思考를 애드리브로 진척시키는 것은 제 이상理想입니다. 외람되지만 오늘 제가 그것을 얼마나 해낼 수 있을지는 잘 모르겠습니다. 비트겐슈타인만큼 하지는 못하겠지요. 이 자리에 시라이시 요시하루白石嘉治 씨가 계시니까요. 재즈의 즉흥연주에도 원전原典이 필요합니다. 저는 프리재즈도 아주 좋아하지만 그보다는 재즈 펑크나 하드 팝을 좋아하니까요. (웃음) 주제와 코드가 주어져야 그것에서 애드리브가 시작됩니다. 힙합으로 말하면, 프리스타일을 시작하려면 일단 비트가 있어야 한다는 겁니다. 시라이시 씨, 주제만이라도 주시겠어요? 예컨대 이 책(『잘라라, 기도하는 그 손을』)을 읽고 어떻게 생각했는지 감상이라도 들려주시고, 질문이 있으면 해주십시오.

왜 '기계'일까?

시라이시 / 『잘라라, 기도하는 그 손을』은 단숨에 읽었습니다. 오늘을 위해 다시 한번 읽었지요. 정말 훌륭한 책이라고 생각했습니다. 당연하지만요. 요전에 『야전과 영원』의 마지막 부분에도 나와 있었지만, '우리는 새로운 다이어그램[02]을 쓸 수 있다'는 일관된 주제를 읽어낼 수 있었습니다. '문자'나 새로운 춤처럼 새로운 것을 만들어낼 수 있다는 주제 말입니다. 이 세상에 불평불만은 있지만 세상을 바꾸자고 폭력을 휘두를 수는 없다는 식으로 우리가 여러 의미에서 위축시켜버리는 것에 대해 새로운 패러다임을 보여주었다고 느꼈습니다.

지금 사사키 씨가 철학 강의에 관해 이야기했습니다. 어떤 강의가 있다면 우리는 이미 그것이 철학이고, 그것에는 새로운 다이어그램의 징후가 나타났다고 생각합니다.

우선 감상을 겸한 질문이 두 개 있습니다. 하나는 『야전과 영원』 마지막에서 질 들뢰즈를 호출했습니다. 그리고 『앙티 오이디푸스』와 『천 개의 고원』 사이에 하나의 비약이 있다는 점을 가볍게 언급하고 끝냈습니다. 질 들뢰즈가 생각하는 '전쟁기계'와 사사키 씨가 생각하는 '문학에 의한 혁명'이 어떻게 연결되는지 궁금합니다.

---

02 diagram: 대수적 공식이나 지도 등 고도로 코드화된 도표. 들뢰즈와 가타리는 대상들의 관계를 새롭게 인식해나가는 적극적인 도구로 생각한다.

또 하나는 제가 좋아하는 질 들뢰즈의 말이 있는데, 그것도 강의라서 안타깝게도 프랑스어 웹사이트에만 공개되어 있지요. 『시네마』를 집필할 때 그가 강의한 것 중에 이런 말이 있습니다. "뇌는 텅 비어 있다. 텅 비어 있고 빈틈으로 이루어진 그곳은 정보와 지식으로 꽉 차 있지 않다. 그곳에는 미래가 깃들어 있다. 그곳은 언어가 빠져나오는 장소다." 무척 감동적인 강의였다는 것은 상상하고도 남는데요. 만약 그 강의실에 사사키 씨가 앉아 있었다면 강의가 끝난 다음 카페에서 그와 어떤 이야기를 했을까요? 이렇게 묻고 싶습니다.

사사키/ 아, 그 글은 분명히 읽었을 텐데 잊어버렸습니다. 제 머리야말로 텅 비었습니다. (웃음) 무슨 일이든 금방 잊어버리는 성격이라……. 어떤 맥락이었지요? 확인해두기 위해 한마디 해야겠습니다만, 그 책에서 이야기한 것은 '전쟁기계'에 대해서일 뿐 '폭력'에 대해서는 아닙니다. 질 들뢰즈와 펠릭스 가타리는 전쟁이나 폭력이야말로 첨예하고 세상을 바꾸는 원동력이기 때문에 근본적radical이라고 말한 것이 결코 아닙니다. '전쟁기계'는 실로 복잡하고 양의적인 개념입니다. 그들은 나치가 분명히 전쟁기계였다고 단언합니다. 전쟁기계가 좋다는 말은 단 한 마디도 하지 않았습니다. 주의 깊게 읽고 따져서 말하자면, 전쟁기계는 반드시 '폭력이란 무엇인가?'에 대한 해답을 함의한다고 할 수 있습니다. 어떤 제도적 배치 안에서 '무엇이 폭력으로 여겨지는가?'를 정의하는 절차나 구조를 함의해야 '전쟁기계'인 것입니다. 그러므로 그들이 하고자 하는 말은 최초에 '벌거숭이 폭력'이 존재한다는 것이 아닙니다. 폭력이 휘둘러질 때 이미 그곳에 장치나 기계나 몽타주라고 불리는 '인위적인 무엇인가'가 존재한다는 것입니다. 이에 대해서는 나카이 히사오中井久夫 씨가 입을 못 다물 만큼 구체적이고 멋지게 분석한 글이 있습니다. 그 점을 간과하고 있기 때문에 모든 것은 결국 폭력으로 귀착한다는 식으로 흘러가고, 이런 변변치 못한 이야기를 하는 사람도 끊이지 않는 것입니다.

어째서 '기계'일까? 왜 그것을 기계라고 불러야 했을까? 이 점을 생각해야 합니다. 들뢰즈와 가타리뿐 아니라 푸코와 르장드르[03]도 기계·장치·다이어그램·몽타주 같은 일종의 인위성, 그러나 미리 완전하게 설계하고 관리할 수 없는 '인위적인 무엇'을 제시하는 언어를 통해 사고를 축적해갔습니다. '무의식적인 인위성이라고 할 무엇'입니다. 왜 그들이 그럴 수밖에 없었는지를 깊이 생각해봐야 합니다. 이 점에 대해서는 충분한 논의가 이루어지지 않았습니다. 몇 번이나 돌이켜 생각해봐야 합니다. 저도 미력하나마 긴 논고를 준비하고 있고요. 언제 세상에 내놓을지는 기약할 수 없지만……

뭐, 제 글이야 아무래도 좋습니다. 중요한 것은 다음이지요. 그들은 결코 폭력이 근본적이라고 말한 것이 아닙니다. 노모스

03 Pierre Le Gendre: 1930~. 사사키 아타루가 학문적 스승으로 삼는 인물로 파리대학 법학부에서 박사학위를 받은 노르망디 출생의 법제사가法制史家이자 정신분석가다. 민간 기업 겸 국제연합의 파견 직원으로 아프리카 여러 나라에서 활동한 뒤 릴대학과 파리 10대학을 거쳐 파리1대학 교수와 고등연구실습원 종교학 부문 교수를 겸임했다.

(규범·규칙·관습) 또는 코스모스(질서·세계)를 대신해 카오스(혼돈)가 근본적이라고 말한 것도 아닙니다. 질서 없음, 규칙 없음, 관습 없음, 폭력이 터져 나오는 혼돈에 대한 동경, 이런 것은 하찮기 짝이 없습니다. 최하 초보 수준은 벗어났을지 모르지만 사고로서는 지나치게 단순합니다. 적어도 강조해두어야 할 점은 '폭력'은 혁명에서 이차적인 것, 파생적인 것에 지나지 않는다는 사실입니다. 자크 라캉의 위대함은 폭력이나 권력욕, 성욕이나 도착적인 것에 대한 욕망과는 별도로 사회를 다시 창출하고 고안하는 순수한 기쁨이 '따로' 있다는 것을 분명하게 말한 데 있습니다. 이것은 『야전과 영원』에서 상세하게 논의한 주제인데, 어떻게 보더라도 폭력은 이차적인 것에 지나지 않는다는 결론이 나옵니다. 폭력은 사태를 조금도 바꾸지 않습니다. 전쟁은 답이 될 수 없어요. 문제는 텍스트를 바꾸어 쓰기, 즉 가능한 한 넓은 의미의 '문학'에 관한 것입니다.

이를 몽상적이라든가 문학지상주의라든가 낭만주의라고 하는 사람은 끼리끼리 떠드는 시답지 않은 소리나 잡스러운 글쓰기를 집어치우고 폭력을 휘두르거나 돈을 벌면 됩니다. 정보사회라서 그렇다는 등 현상을 추인하는 데 급급한 사람치고 부호 하나 제대로 쓸 줄 아는 사람은 없습니다. 즉 그들은 프로그램 언어도 익히지 못한 상태입니다. 제 정의에 따르면 부호를 쓰는 것 하나도 순수한 문학이고 예술입니다. 여러분 주위에도 그런 사람이 있을 겁니다. 아름다운 부호를 쓸 줄 아는 사람은 아무렇지도 않게 부호를 아트라고 말합니다. 제 친구 중에는 부호를 쓸 줄 아는 예술가가 몇 명이나 있습니다.

자, 이런 것은 아무래도 좋다고 칩시다. 흠, 이것이 시라이시 씨가 인용한 말, '뇌는 텅 비어 있다'는 것과 잘 연결되는지는 모르겠습니다. 하지만 마음에 걸리는 것이 있습니다. 어떤 사고의 덫, 그러니까 설마 이런 사고의 덫에 빠지는 사람은 없겠지 싶은 덫에 아직도 빠져 있는 사람이 셀 수 없이 많다는 점을 최근에 깨달았습니다.

반도덕이라는 덫

어떻게 이야기하면 좋을까요. 작가든 예술가든 사상가든, 많은 사람이 어떤 사고의 덫에 빠져 있다고 생각합니다. 실로 위험한 덫에요. 뿌리 깊은, 즉 뿌리가 깊어 빠져나오기 어려운, 그래서 덫이라고밖에 말할 수 없는 무언가에 말입니다. 이곳은 어두워서 객석이 보이지 않는데, 여기에도 와주었을 제 친구라고 할 작가, 사상가, 활동가 여러분도 지금 이야기하는 비판의 범주에 들어갑니다. 한마디로 카오스·비도덕·무근거·비인과성·무법·무의미·난센스야말로 훌륭하고 근본적이며 '재미있다'는 사고의 덫입니다.

'도덕'이라는 것이 있습니다. 도덕이란 아주 당치도 않지요. 그래서 비도덕적인 것이 근본적이고 보기 좋고 첨예하다고 합니다. 무슨 까닭인지 모르겠고 알고 싶은 마음도 없지만, 기묘하게도 니체가 그런 말을 했다고 알려져 있습니다.

그러나 그렇게 알고 있으면 곤란하다고 할까, 대체 그것이 어떤 것이라고 생각한 걸까요? 보수적인 도덕에 반항하는 잘난 모습을 보여주고 싶지만 도덕이나 규칙이 전혀 없는 잔혹한 세계에서는 살아남을 수 없다는 것일까요? 언젠가부터 인간은 '윤리'라는 말을 쓰기 시작했습니다. 낡고 반동적인 '도덕'과는 다른 수준의 '윤리'가 있다고 말입니다. 비도덕적amoral이면서 윤리적으로 아름다울 수 있다고 생각했지요. 미안하지만 도덕은 그리스어의 윤리ethica를 번역한 말입니다. 처음부터 어원적으로는 완전히 똑같은 말입니다. 여기에 속임수가 있지요. 이렇게 '윤리'는 아무것이나 넣어두는 쓰레기통 같은 개념으로서 만능의 힘을 휘두르기에 이르렀습니다. 물론 고전적인 윤리 개념에 대해 비난하는 것은 아니지만, 일부러 알아볼 기력도 별로 없습니다. 윤리라는 말이 유행어로 퍼지기 시작한 것은 아마도 1970년대 후반으로 거슬러 올라갑니다. 유행어인 '윤리'만 내세우면 마치 면죄부처럼 아무리 허풍을 떨어도 무마해주는 기능을 했지요. 이런 속임수 말 바꾸기로 한 말은 논외라고 하지 않을 수 없습니다.

다시 앞의 이야기로 돌아가면, 비도덕 또는 반도덕이 근본적이라는 사고는 덫입니다. 이 밖에도 이런 덫이 있습니다. '이성'은 비이성적인 것을 배제하는 매우 억압적인 것이라는 사고입니다. 어느 시기까지 푸코조차 빠졌던 덫인데, 그가 이성은 억압적·반동적이고, 비이성적인 것이야말로 근본적이라고 했다는 것입니다.

그러면 이성raison은 구체적으로 무엇일까요? 최대한 평이하게 말하면 두 가지입니다. '어떤 결과가 일어난 이상 원인이 있다'는 것과 '어떤 현상이 일어난 이상 근거나 이유가 있다'는 것입니다. 전자를 인과율, 후자를 근거율이라고 합니다. 하이데거는 라이 프니치를 인용해 이 두 가지를 똑같다고 말합니다. 원인이 있으 면 결과가 있고, 결과가 있으면 원인이 있다! 이 명제가 '모든 것 에는 이유나 근거가 있다'는 명제와 실질적으로 같다는 것은 이 해하기 쉽습니다. 근거율은 프랑스어로 '파시프 드 레종principe de raison', 라틴어로는 '프린키피움 라티오니스principium rationis'라고 합니다. 즉 문자로 보더라도 이것은 '이성, 이유raison, ratio'의 원리 입니다. 따라서 근거율이란 이성원리라고도 번역합니다. 이성이 란 바로 이것입니다. 모든 것에는 이유가 있다는 것!

이성의 원리인 '근거율'은 기묘한 울림을 가집니다. 하이데거도 르장드르도 극명하게 표현한 바 있는데, 근거율이란 무언가 허 공에 떠 있는, 말하자면 책상 위의 이론에만 관여하면서 그 속 에 안주하는 것은 불가능합니다. '왜'라는 물음은 때로 '왜 그 렇지?', '어째서 그런 거지?'라는 절규에 가까운 울림을 갖고 있 기 때문입니다. "이런 일을 당하는 것은 이유가 있어서 그렇겠 지요." 이는 르완다 학살 현장에서 투치 여성이 어떤 인터뷰에 서 한 말입니다. 그녀가 구체적으로 어떤 일을 당했는지는 굳이 말씀드리지 않겠습니다. 잠시라도 그곳에서 무슨 일이 일어났는 지, 특히 수많은 여성에게 무슨 일이 있어났는지 알아보시면 좋 겠습니다. 여하튼 '근거율'은 이런 사태를 내포해버립니다.

이성이 아니라 비이성, 인과성이 아니라 비인과성, 근거가 아니라 무근거, 이것이 근본적이고 과격하고 멋져 보이고 '재미있다'고들 말합니다. 그렇게 말하는 작가나 예술가는 끊이지 않지요. 이성적으로 딱 떨어지는 것, 원인이 있으니까 결과가 있는 것, 근거와 이유가 있는 것은 시답지 않고 평범하다고 생각하는 듯합니다.

또 언제부터인가 보기 싫어진 것이 있습니다. 무엇일까요? '의미'입니다. 이유는 모르겠습니다. 알려고 한 적도 없지만, 어쩐지 언젠가부터 '의미가 있는 것'을 '멋없다'고 여기기 시작했습니다. 따라서 의미가 없고 무의미한 난센스, 정확히 말하면 무의미한 '것만' 좋은 예술이라는 식이 되어버렸습니다. '왜?'는 없습니다. 이유도 없고, 원인도 없고, 근거도 없습니다. 의미 같은 것은 없는 예술, 소설이나 시를 쓰는 것이야말로 새롭고 재미있고 과격하다고 말하는 사람이 많아졌습니다. 세계 어디에나 있습니다. 사상가도 마찬가지입니다.

정말 그런가? 그런 것이 재미있나? 그런 유아적인 것이 재미있다고?

좀 천천히 이야기해볼까요.

예를 들어 기존 도덕에 따르기만 하는 삶은 확실히 억압적이고 반동적이겠지요. 그것은 삶 자체를 질식시키는 것일 수 있습니다. 기존의 의미에만 따라 그 의미가 전부라고 믿고 의미가 없어 보이는 것을 쳐내는 태도는 절대 칭찬받을 일이 못 됩니다. 실제로 자연과학에서도 인과성을 완전히 적용할 수 있는 것은 방대한 자연현상 가운데 아주 일부분일 뿐이라는 것이 상식입니다. 모든 것에 근거가 있고 이유가 있다고는 할 수 없지요. 사람은 이유도 없이, 근거도 없이, 불현듯 무언가를 해치워버립니다. 저질러버린 다음에 '아아, 내가 그런 일을 저지른 데는 이런 이유가 있었구나!', 예를 들면 '트라우마 때문이구나!' 하고 납득하는 것은 가능할지도 모릅니다. 하지만 그것은 '사후적 지혜'에 지나지 않는다고 말할 수 있겠지요. 맞습니다. 분명 기존의 도덕이나 의미 또는 이유에 종속당해 살아가는 것은 초보적인 사고의 수준이라고 할 수 있습니다. 그러나 단지 그것에 반항하는 삶이 그렇게 수준 높은 것일까요? 다른 방식이 있을 수도 있지 않을까요?

도덕·이성·인과성·근거율, 또는 의미 같은 것을 비판한 철학자는 니체라고들 생각할 겁니다. 니체는 비도덕, 즉 선악의 피안에 도달하는 것이 초인의 길이며, 처음부터 권력의 의지밖에 없고, 인과성·근거율·이성·의미 같은 것은 없다고 말한 것으로 알려져 있으니까요. 니체를 이야기할 때 일종의 과격함을 부정하기는 어렵지요. 하지만 과연 그것뿐일까요? 방종하고 타락한 현상 추인에 적당히 타협하는 인생 교훈으로서만 니체를 소비하려는 사람들은 논외로 치겠습니다. 원전조차 읽지 않고 야유하는, 더 수준 낮은 사람도 논외로 치겠습니다.

보통 니체는 '신은 죽었다'는 말로 알려져 있습니다. 그것을 틀렸다고는 할 수 없지요. 복습이 되겠지만 기독교에서 신이란 이성입니다. 물론 도덕의 기원이기도 하고요. 신은 또한 '로고스'입니다. 즉 언어이자 논리입니다. 세계의 의미이자 세계의 궁극적 근거이자 세계의 궁극적 원인이기도 합니다. 그러한 신에게 사망을 선고한 니체는—실은 그가 처음도 아닌데—보통 도덕·이성·인과성·근거·의미 같은 것을 비판했고, 그런 것은 허구에 불과하다고 말한 것으로 알려져 있습니다. 그것은 확실히 어느 단계까지는 그러합니다. 틀린 말은 아닙니다. 다만 '틀리지 않았을' 뿐이지만.

그가 그런 수준으로만 이야기했다면 굳이 니체를 읽을 필요가 없습니다. 니체는 다른 차원에서 이야기했습니다. 그는 신이 죽었다고 하면서 기독교를 철저하게 비판했습니다. 그런데 비판을 밀고 나가다가 이상한 전회를 보여줍니다. 그는 확실하게 말합니다. 신은 죽었을지도 모르지만 우리는 몇 번이나 다시 신을 만들 수 있고, 그것이 바로 인간의 힘이라고 말입니다. 도덕에 관해서도 니체는 이상한 전회를 보여줍니다. 『도덕의 계보학』에서 그는 철저하게 도덕을 비판하는데 그 요체는 이렇습니다. 도덕은 선악을 강요하지만 도덕 자체는 선악의 피안에 있다고 합니다. 과연 무슨 말일까요?

간략하게 한마디로 하면, 도덕 자체는 비도덕적이라는 것입니다. 도덕은 근본적으로 비도덕적인 동기, 그리고 비도덕적인 순서에 기초하고 있다는 말입니다. 왜냐하면 도덕은 단지 어떤 지배자들이 피지배자들을 다스리는 수법에 불과하기 때문이지요. 지배자들이 자신의 가치관, 자신이 자의적으로 결정한 선악의 구별을 강제하기 위한 수단이 도덕입니다. 도덕은 육체적 또는 정신적으로 괴롭힘으로써 자기들의 규율을 문신처럼 새겨 넣어 사람들을 노예화하는 농간입니다. 노예화된 사람들은 도덕을 위반하면 스스로 죄악감에 시달립니다. 지배자의 가치관에 세뇌당한 나머지 스스로 도덕에 따르도록 설정해놓았기 때문입니다. 이제 이 지점에서 착취가 시작됩니다. 이런 시스템을 도덕이라고 한다면 도덕 자체는 완전히 비도덕적인 것이 됩니다. 니체는 이것을 고발한 셈입니다. 그런데 이것만이 아닙니다.

잘 들어보세요. 도덕 자체가 비도덕적이라고 한다면, '도덕에 반항하며 살아가는 것에 어떤 의미가 있지?' 하는 물음이 나오겠지요. 비도덕적으로 살아가는 것이 멋있어 보이고 그런 삶이 검은 영웅주의의 색채를 띤 역설적인 영광으로 비치는 까닭은 **도덕이 도덕적이기** 때문입니다. 악이 의미를 지니는 이유, 다시 말해 선에 반항하는 것이 의미를 지니는 이유는 선이 확실하게 선일 때뿐입니다. 그런 의미에서 악은 선에 의존하고 있습니다. 비도덕적인 행위는 도덕에 의존하고 있습니다. 그러나 니체가 폭로했듯 실은 선이 아주 비도덕적이라면, 즉 선과는 완전히 동떨어진 동기나 순서에 기초하고 있다면 어떨까요? 다시 말해 도덕이라는 것 자체가 비도덕적이라면 말입니다.

그렇다면 비도덕적인 행위가 반항적인 가치를 지닌다는 전제가 성립하지 않습니다. 비도덕적인 것이 가치 있는 이유는 도덕적인 것에 반항하기 때문입니다. 그러나 도덕 자체가 본래 비도덕적이라면 비도덕적인 것은 실로 **'비도덕적인 것'**에 대항하고 있다는 말이 됩니다. 자기 자신과 동등한 것에 반항하는 것입니다. 그렇다면 비도덕적인 것은 당장 의미를 잃고 스러져갑니다. 도덕이 있어야 비도덕이 있는 법인데 그것은 단지 '비-도덕'이 되어버립니다. 여기에서야말로 니체는 역전과 전향을 초래합니다. 그는 갑자기 말합니다. 도덕이 비도덕적인 것이라면 우리는 마음껏 도덕적이기만 하면 되지 않느냐고……. 맞는 말입니다. 지금 인용한 말은 언제든지 니체 독일어 전집에서 페이지를 보여줄 수 있습니다. 니체가 말한 것을 외면하면 안 된다고 생각합니다.

그런데 니체가 '논리적인 것'이나 '인과성에 기초해 생각한 것', 즉 근거율에 기초해 이성적으로 생각한 것도 도덕적인 '다스림'의 효과에 지나지 않는다고 말할 수 있다는 점이 중요합니다. 그렇다면 비논리적으로, 비이성적으로, 아무런 근거도 없이, 아무런 원인이나 인과성도 인정하지 않고 생각하는 것도 비도덕적으로 행동하는 것과 마찬가지로, 당장 퇴색해 스러져갈 따름입니다. 논리적인 것은 실은 비논리적인 것이고, 논리적으로 생각하기를 강제하는 '누군가'의 이익을 위해 '세뇌당한' 것에 지나지 않기 때문입니다.

그러면 첨예한 것은 무엇일까요? 무엇이 근본적인 것일까요? 무엇이 창조적인 것일까요? 니체로 인해 우리는 무언가를 빼앗기고 말았습니다. 비도덕적으로, 비이성적으로, 비논리적으로, 즉 아무런 근거도 없이, 아무런 의미도 없이, 어떤 인과성도 믿지 않고, 부조리하게 살아가는 것 자체의 '의미'를 빼앗기고 만 것입니다. 니체라는 철학자가 진정 섬뜩한 까닭은 여기에 있습니다. 그는 우리에게서 신을 빼앗았습니다. 그리고 신에 대한 반항의 의미조차 빼앗았습니다. 냉정하게 읽으면 이런 이치에 도달합니다.

새로운 도덕을 만들다

그렇다면 우리는 허무주의에 빠질 수밖에 없을까요? 선도 의미가 없다면 악도 의미가 없습니다. 이성에도 의미가 없다면 비이성에도 의미가 없고요. 다른 것도 마찬가지입니다. 그뿐만 아니라 의미에도 의미가 없다면 무의미에도 의미가 없어집니다. 이도저도 다 빼앗겨버립니다. 이렇게 보면 도대체 니체는 무슨 말을 하려고 했느냐고 따져 묻고 싶어집니다. 그는 선에도 의미가 없고, 악에도 의미가 없다고 했습니다. 만약 니체가 선악의 피안에서는 모든 악과 모든 잔혹함이 허용되고, 그것이 세계의 '현실'이라고만 말했다면, 다시 말하지만 니체 따위는 일부러 찾아 읽을 필요도 없습니다. 그런 것쯤은 좀 조숙한 중학생도 생각할 줄 압니다.

한 가지만 더 샛길로 들어가볼까요? 바로 미셸 푸코의 『감옥의 탄생』입니다. 푸코는 18세기에 성립한 감옥은 이후 실패의 연속이라고 말합니다. 이는 18세기부터 이어지는 비판인데 감옥은 '범죄의 학교'입니다. 요컨대 어쩌다가 범죄를 저질러 투옥당한 사람이 감옥 안에서 나쁜 짓을 배워 사바세계로 돌아온다는 것입니다. 감옥 안에서 많은 상습적인 범죄자, 조직폭력배와 만나기 때문입니다. 또한 감옥의 성립은 '전과'를 기록하는 기술의 고안과 관련되어 있습니다. 누가 어떤 죄를 몇 번 저질러 어떤 처벌을 받았는지, 일목요연하게 기록에 올립니다. 현재 일본에도 '범죄자 명부'가 있습니다. 그러나 진실로 어떤 범죄자가 이전에 범죄를 저지른 인간과 동일 인물인지, 전과 몇 범인지는 특정하기 어렵습니다. 외모도 변할 뿐 아니라 이름이나 신분을 위장해 중한 처벌을 면하려고 하기 때문입니다. 그래서 지문을 비롯한 신체적 식별법을 도입해 데이터베이스를 구축하는 기술을 발명하기에 이릅니다. 경찰에 잡혀본 적이 있는 사람은 알겠지만, 오늘날 일본에서도 범죄자의 과거는 데이터베이스로 만들어져 있어 어떤 범죄를 저질렀는지 단번에 알아낼 수 있습니다.

이렇게 되면 당연히 범죄자는 도망갈 구멍이 없어집니다. 무슨 말인가 하면, 전과가 쌓이면 취직할 수 없고, 그러면 '암흑가'에서 살아갈 수밖에 없습니다. 즉 매춘이나 마약처럼 법이 금지해놓아 더욱 수익성이 높은 일에 종사하면서 살아갈 수밖에 없습니다. 감옥은 악을 단속하는 곳인데도 거꾸로 나쁜 짓을 조장하는 조건을 갖추고 있는 것입니다. 이것까지는 그나마 그렇다 칩시다. 가장 수익률이 높은 사업이 사회 안에 존재하는데, 거기에서 얼마라도 세금을 징수할 수 있다는 것은 '나쁜 짓'은 아닙니다. 이와 동시에 기묘한 일이 일어납니다. '암흑가', '나쁜 놈', '깡패'의 모습이 '멋지게' 비칩니다. 실제로 이러한 체제가 갖추어지는 시기에 범죄소설, 탐정소설이 탄생하고 암흑가의 매력, 악의 댄디즘이 칭송의 대상이 되기 시작합니다.

니체주의자인 푸코에 따르면 이것은 무엇을 의미할까요? 악은 결국 감옥으로 대표되는 당시의 특수한 권력의 작용, 좋게 말하면 부작용에 지나지 않습니다. 암흑가의 비도덕성, '악의 꽃'은 권력의 작용이 낳은 것에 지나지 않을 뿐, 권력의 체제를 전복하는 것이 아닙니다. 푸코는 대단히 냉혹하게 이런 인간들은 '권력의 개'이자 '염려할 것 없는 인물'이라고 단언합니다. 그는 '악'에서 혁명성을 찾아내자고 하는 것은 쓸데없다고 말합니다. 이것은 도덕성 자체가 비도덕적이라면 비도덕적인 것에 의미가 없어진다는 니체의 논리와 완전히 상통합니다. 그 자체로는 전혀 선이라고 할 수 없는, 권력의 작용이 낳은 '악'이 권력에 반항하는 것은 가능하지 않다는 말입니다.

그렇다면 우리에게는 아무것도 남아 있지 않은 것일까요? 도덕도 비도덕도, 선도 악도, 법도 무법도, 근거도 무근거도, 이성도 비이성도, 의미도 무의미도, 다 똑같이 '의미가 없는' 것이 되어버리니까요. 이렇다면 과연 무엇이 남을까요?

간단합니다. 참된 창조성이 남아 있습니다. 무근거·난센스·무의미·비이성·비도덕성이 멋지고 과격하고 '재미있다'는 천박한 생각에 빠져 있는 사람은 도저히 가질 수 없는 창조성 말입니다. 그러면 그것은 무엇일까요?

새로운 도덕, 새로운 법, 새로운 근거, 새로운 이성, 새로운 의미를 창조해내는 것입니다. 그것이 진정 창조적이고 본원적이고 근원적입니다. 니체는 이것을 말했던 것입니다. 기존 가치에 얽매이는 것은 언급할 필요조차 없다고 해도, 기존 가치에 반항하는 것만으로는 아직 유치하다고, 문제는 새로운 가치를 창출하는 것이라고 말입니다. 이런 말을 새삼 해야 한다는 것 자체가 그저 놀랍고 짜증날 뿐입니다. 믿기 어렵겠지만 아직도 있습니다, 무의미·비이성·무근거야말로 재미있다고 지껄이는 예술가나 작가……. 더구나 전위적인 아방가르드라고 자칭하는 사람이 그런 말을 합니다. 참으로 어리석은 말입니다.

아까 하이데거를 인용해 '근거율'에 대해 이야기했습니다. 바로 '모든 것에는 근거가 있다', '모든 것에는 이유가 있다'는 명제입니다. 즉 모든 것의 '왜'에는 대답이 있다는 말입니다. 온갖 학문과 과학은 원칙적으로 근거율을 전제로 삼습니다. 아무리 근거가 필요 없다고 말하는 사람도, 예를 들어 무엇과도 바꿀 수 없는 자기 가족이 살해당한다면 왜 이런 일이 일어났는지 생각하기 마련입니다. '그런 일이 일어난 데는 이유가 있겠지, 그렇지 않으면 납득할 수 없어.' 이렇게 말입니다.

하이데거는 무척 예리하게 말합니다. 모든 것에는 근거가 있고 이유가 있다는 것이 근거율이지만, '모든 것에는 근거가 있다'는 **근거율 자체에는 근거가 없다**고 말입니다. 근거율에는 근거가 없습니다. 도덕에 도덕성이 없는 것과 마찬가지로……. 그러면 근거율은 어떻게 유지될 수 있을까요? 근거율은 사라지고 마는 것이 아닐까요? 아니, 사라져도 좋은 것이 아닐까요?

그렇지 않습니다. 그럴 리 없습니다. 이에 대한 '근거'와 '이유'

는 나중에 말씀드리겠습니다. 여하튼 제가 스승으로 모시는 피에르 르장드르의 말을 빌리면 그것은 '상연上演'과 '연출'이 이루어지지 않으면 안 됩니다. 근거율 자체에는 근거가 없다면, 근거율 자체는 논리적으로 논증하는 것이 불가능합니다. 근거율을 제시하려면—나아가 근거가 있고, 이유가 있고, '왜'라는 물음에 대답이 있는 세계를 열어젖히려면—비논리적으로, 예술을 통해 미적으로 상연하고 반복하는 수밖에 없습니다.

인간은 '왜'라고 묻는 존재입니다. 그러나 이것은 자명한 것이 아닙니다. 인간은 본성상 또는 본래적으로 왜냐고 묻는 존재가 **아닙니다.** 사람이 '왜'라고 물을 수 있기 위해서는 그렇게 묻는 것이 가능한 시공時空을 미리 열어젖혀야 합니다. 즉 참된 의미에서 '살아갈 수 있는' 세계를 마련해두어야 합니다. 그리고 그러한 근거가 존재할 수 있는 시공, 즉 근거율이 항상 존재하는 시공이 있을 수 있다면, 그것은 미적으로 예술에 의해 설정되어야만 존재할 수 있습니다. 그곳에 새로운 무언가를 도입할 수 있는 창조성이 있습니다. 그것은 되풀이하여 다시 창조하고, 다시 노래하고, 다시 이야기하고, 다시 춤추고, 다시 연기하고, 다시 촬영해야만 합니다. **왜 그런지는 모르겠지만…….**

아주 역설적인 의미에서 기념비적이라고 할 만한 대사가 있습니다. 그것은 프리모 레비Primo Levi라는 토리노 출생의 유대인 작가가 저술한 『가라앉은 자와 구조된 자I Sommersi e i Salvati』라는 유명한 책에 나옵니다. 아우슈비츠는 때에 따라 물조차 얻을 수 없는 공간입니다. 그도 그럴 것이 죽어나간다고 한들 눈 하나

깜짝하지 않을 테니까요. 학살하기 위해 아우슈비츠에 데려왔기 때문에 사람이 죽어도 상관없습니다. 프리모 레비가 목이 마른 나머지 창가에 있는 고드름을 꺾어 먹으려고 했습니다. 그러자 금방 강제수용소 감독이 다가와 그것을 빼앗고 그를 밀쳐냈습니다. "왜 이러는 거야?" 하고 물으니까 이런 대답이 돌아옵니다. "이유는 없어." 더는 굳이 말하지 않겠습니다. 이런 것이 바로 '왜'가 없는, '왜'라는 물음이 존재하지 않는, 즉 근거도 이유도 이성도 없는 시공입니다.

그러므로 비이성·비도덕·무근거·무의미·난센스야말로 아방가르드이고 과격하고 재미있고 멋지다는 것은 도련님과 아가씨의 소꿉놀이에 지나지 않습니다. 실로 시답지 않습니다. 결국 어차피 이성·도덕·근거·의미가 있고, 어차피 최후에는 법이 자기를 지켜준다고 생각하는 인간, 부모 슬하를 떠나지 못하는 인간이 척박한 모래사장에서 흙장난을 치는 데 불과합니다. 그런 인간들의 따분한 희언戲言에 귀를 기울일 필요는 없습니다.

우리의 논리, 우리의 도덕, 우리의 이성, 우리의 신앙, 우리의 인과성……. 그렇습니다, 진정 우리의 '제정신'이 견디기 힘든 것이라면 다시 만들면 됩니다. 그리고 참된 열광, 참된 광기는 이런 것을 다시 창조하고 다시 글을 고쳐 쓰는 한가운데, 바로 그 한복판에 배태되어 있습니다. 단지 기존의 가치에 칼날을 겨누면서 재미있어할 뿐이라면 그것은 예술의 이름에도, 사상의 이름에도 미치지 못합니다. 이렇게 말하면 유치한 사람들은 '아니야, 우리는 예술이니 사상이니 잘난 척하며 고상한 일을 하는

게 아니라니까' 하고 말합니다. 그런 인간들이 하는 말은 대체로 예상 가능합니다. 몇 번이나 말하지만 그런 인간들은 비뚜름하게 칼이나 휘두르며 제자리를 돌라고 하십시오.

다시 말하지만 특히 무의미한 것이 재미있다는 말은 어리광 부리는 태도입니다. 예술가 오카모토 다로岡本太郎가 재미있는 말을 했습니다. 그는 자기 예술이 엉터리라는 말을 자주 들었던 듯합니다. 그럴 때 그는 "그래? 그럼 넌 엉터리를 보여줄 수 있어? 완전한 엉터리를 한번 해보라고. 못하지?" 하고 반문했다고 합니다. 매우 핵심을 찌른 이야기입니다. 예컨대 여기에 모인 여러분에게 이제부터 종이를 한 장씩 나누어주고 연필을 한 자루씩 준 다음, 100퍼센트 엉터리 그림을 그려보라고 하면 가능할까요? 불가능하겠지요. 좀더 어려운 예를 들겠습니다. 지금부터 음악을 한 곡 틀어주고 박자·리듬·선율을 100퍼센트 무시한 채 엉터리 춤을 추라고 한다면 어떻겠습니까? 곤란하겠지요. 아예 춤을 안 추는 사람이 많을 겁니다. 아니면 야구공을 하나 주고 100퍼센트 엉터리로 공을 던져보라고 한다면 어떨까요? 전혀 본 적이 없는 방식으로 기존의 투구법을 완전히 무시하고 던지라고 한다면 어깨나 팔꿈치를 다칠지도 모릅니다.

진정한 무의미, 진정한 무목적에 도달하는 것은 지극히 힘듭니다. 기존의 의미, 기존의 이성, 기존의 도덕, 기존의 방식에 들어맞지 않으려고, 그것에서 살짝 벗어나려고 시도한다 해도, 어설프게 해서는 불가능합니다. 처절한 '단련'이 있어야만 그런 경지에 도달할 수 있는 것입니다.

사막을 넓히다

요전에 제가 진심으로 존경하는 후루이 요시키치古井由吉 씨와 대담할 기회가 있었습니다. 그때 예술이란 논리이고 앎이라는 것, 쥐어짜고 또 쥐어짜서 단 한 방울 떨어지는 붉은 피 같은 것이 서정이고 이성의 저편에 있는 것이라는 이야기가 나왔습니다. 또 그렇게 쥐어짤 힘도 없고 배짱이나 끈기가 없는 사람 이야기도 했습니다. 이야기가 지나치게 과격해졌기 때문에 대담을 싣기로 한 잡지 측에 부탁해서 그 부분은 게재하지 않았습니다. 후루이 씨의 소설에는 선명하게 어떤 광기, 유유하고 자욱하게 퍼졌다가 사라지는 광기가 확실히 있는데도 후루이 씨는 그런 말을 했습니다. '이성으로 꽉 채우는' 것을 처음부터 소홀히 여기면 곤란합니다. 아마도 기존의 논리든 이성이든 의미든 근거든 법이든 뚫고 나가려면 기존의 것들을 일단 철저하게 통과하는 고투가 필요합니다. 그런 과정 없이 모두뜀으로 무의미나 무근거, 선악의 피안에 도달할 수 있다고는 꿈에도 생각하지 않기를 바랍니다. 새로운 의미를 창조하려고 할 때 극한까지 무의미에 근접하는 일은 있습니다. 그러나 그것은 이미 기존의 의미에 반항하는 데 머무르며 기존의 의미에 얽매이는 타락한 '무의미'와는 다릅니다.

크리스토퍼 버틀러Christopher Butler라는 비평가가 30년쯤 전에 낸 책 가운데 제가 무척이나 공감한 대목이 있습니다. 이를테면 클래스 올덴버그Claes Oldenburg라는 아티스트는 톱이나 우산 같은 것을 아주 크게 변형시켜 만들었습니다. 크리스토[04]라는 사람은 의사당, 새 등 무엇이든 폴리에틸렌이나 비닐로 포장해서 보여줍니다. 그것을 예술이라고 합니다. 여기에 대해 크리스토퍼 버틀러는 엄하게 일침을 가합니다. 그들은 박물관이나 미술관에 걸릴 가치가 있는 물건이란 존재하지 않는다고 도발적으로 주장하고 기존의 예술 개념을 비웃는 데는 성공했지만, 그뿐이라고 말입니다. 이미 그들도 인정받은 예술가인 만큼 이렇게 말하려면 용기가 필요할지도 모릅니다. 그러나 그들이 정말 알베르토 자코메티[05]나 프랜시스 베이컨,[06] 마크 로스코[07] 등 위대한 예술가와 견줄 만한 존재일까요? 그것은 의심스럽습니다. 왜 그러냐는 것을 말할 필요는 없겠지요. 그들은 기존의 의미에 반항하고 있는 데 불과하기 때문입니다. 유치합니다.

이와 대조적으로 크리스토퍼 버틀러가 언급한 이름이 바로 사무엘 베케트Samuel Beckett입니다. 이 사람의 작품도 아무 의미가 없는 듯 보입니다. 줄거리도 없고 부조리극이라고 일컬어집니다. 하지만 그에게는 무언가 전해야 할 것이 있습니다. 버틀러가

---

04 Christo: 1935~, 불가리아 출신의 미국 미술가로 본명은 크리스토 자바체프Christo Javacheff다. 거대한 장소와 건물을 포장하는 대지미술 혹은 환경미술을 개척했다.

05 Alberto Giacometti: 1901~1966, 스위스의 조각가이자 시인으로 큐비즘(입체파)의 영향을 받고 초현실주의surrealism 운동에 동참했다. 사람의 몸을 가늘고 길게 표현했으며 엄격한 정신이나 공간 암시에 뛰어났다.

06 Francis Bacon: 1909~1992, 영국의 표현주의 화가. 20세기 유럽 회화사에서 가장 강렬하고 불안하며 논란을 일으키는 이미지의 창출자로 평가받는다.

07 Mark Rothko: 1903~1970, 러시아 출신의 미국 화가. 초현실주의의 영향으로 추상표현주의 작품을 선보였다.

말하듯 베케트는 자기 작품을 해설하지 않습니다. 변명하지 않습니다. 이를테면 현대음악도 물론 위대하기는 하지만, 피에르 불레즈,[08] 존 케이지John Cage, 칼하인츠 슈톡하우젠[09]도 자신의 음악을 잠자코 내밀지는 않습니다. 자기 음악은 이러이러하다고 설명하는 두툼한 책을 냅니다. 그런 설명 없이는 그들의 음악을 들을 수 없습니다. 베케트는 결코 그런 일을 하지 않았습니다. 왜냐하면 그는 무의미, 기존의 의미를 거스를 뿐인 타락한 무의미에 빠지지도 않았고, 자신이 전해야 할 것이 없음을 변변치 않은 설명이나 변명으로 얼버무릴 필요가 없었기 때문입니다. 그의 소설이나 연극이 아무리 무의미하게 보여도, 그것은 무의미와는 다릅니다. 새로운 의미가 생성되어 바깥으로 나오는 시공은 **기존의 의미에서 보자면** 의미가 사라져버리는 듯 보이기 때문에 무의미하게 여겨질 뿐입니다. 의미와 무의미의 이항대립을 넘어선 곳에서 새로운 의미의 창조가 얼핏 무의미하게 보일 뿐입니다. 이런 사정을 확실하게 구별해야 합니다.

　사무엘 베케트는 있어야 할 예술에 대해 이렇게 말합니다. "예술은 표현의 대상이 없는 것, 표현의 수단이 없는 것, 표현의 기준점이 없는 것, 표현의 능력이 없는 것, 표현의 욕구가 없는 것, 오로지 표현의 의무만 있는 것의 표현이다." 그럼에도 표현해야

---

08 Pierre Boulez: 1925~, 프랑스의 지휘자이자 작곡가. BBC 교향악단 지휘자, 뉴욕 필의 음악감독을 역임했다. 대표작으로 〈플루트와 피아노를 위한 소나티에〉가 있다.

09 Karlheinz Stockhausen: 1928~2007, 독일의 작곡가. 현대 전위작곡가로서 전자음악 발전에 크게 기여한 것으로 유명하다.

한다는 것을 표현하는 것, 그럼에도 계속해야 한다는 것을 표현하는 것입니다. 또한 이렇게도 말합니다. "나는 사람들을 교육하고 싶지도 않고, 향상시키고 싶지도 않고, 따분하지 않도록 노력할 마음도 없습니다. 내가 바라는 것은 연극에 시를 갖고 들어오는 것입니다. 허공을 빠져나가 새로운 여백에 새로운 시작을 새겨 넣는 것 같은 시……. 새롭게 펼쳐진 세계에서는 기본적으로 내가 이해를 받느냐 못 받느냐에 대해 별로 마음 쓰지 않습니다." 허공을 빠져나가 새로운 여백에 새로운 시작을 새겨 넣는 것 같은 시, 그리고 새롭게 펼쳐진 세계라는 말을 합니다. 그가 유치한 무의미에 빠지지 않았다는 것을 알 수 있습니다. 그는 계속해야만 하고, 또 새로운 시작을 새겨 넣어야 한다고 힘주어 말하고 있으니까요.

의미란 만들어내는 것입니다. 우리는 근거·이성·도덕·규율을 새롭게 만들어내야 합니다. 니체가 말한 대로 단지 그것을 환상이라는 이유로 파괴하기만 해서는 아무것도 안 됩니다. 그는 말합니다. "환상을 파괴한다고 해서 곧바로 진리의 창조가 이루어지는 것은 아니다. 그렇기는커녕 그것은 새로운 무지의 단편을 낳고, 우리의 '허공'을 넓히고, 우리의 사막을 넓힌다. 우리는 이미 이것을 알고 있다." 다른 사람도 아닌 니체가 이렇게 말합니다. 이것은 『즐거운 지식』에 분명하게 나와 있습니다.

절대적인 비-구제

애초부터 우주의 방대한 생성 속에서 인류가 어떤 목적을 부여받은 것은 아닙니다. 우리 인류가 태어나고 언젠가 멸망하는 데는 목적이 없습니다. 목적이 정해지지 않으면 의미가 분명치 않습니다. 갑자기 현실적인 예를 듭니다만, 예를 들어 와세다대학에 입학하겠다는 목적을 또렷하게 확정하면 그것을 기준으로 역산해서 지금 무엇을 해야 하는지를 판단하고 그 행위의 의미도 정의할 수 있을 것입니다. 수학을 더 열심히 공부하면 합격에 더 가까워진다는 식으로 말입니다. 그것에는 확실히 의미가 있습니다. 하지만 우주의 거대한 생성 자체 속에서 인간의 존재 자체에 목적이 있을까요? **없습니다.**

아무래도 이런 이야기로 들어가면 니체가 불려 나오고 맙니다만, 그는 『인간적인 너무나 인간적인』에서 이런 말을 했습니다. 자신의 모든 행위에 대해 최종적으로 인간이 무목적이라는 것을 간파할 때 자신의 행위가 낭비라는 성격이 보인다고 말입니다. 꽃 한 송이 한 송이가 자연스레 낭비되는 것처럼 우리 한 사람 한 사람도 낭비되는데, '낭비'라는 감정은 모든 감정을 뛰어넘은 감정이라고도 했습니다. 그리고 이 감정을 느끼는 능력이 있는 것은 시인뿐이고, 시인이란 언제나 스스로를 위로하는 방법을 알고 있다고 합니다.

우리는 우주에서 낭비되고 있습니다. 성대하게 소진되고 있고 불에 태워지고 있습니다. 인류에게 목적이 없다는 것은 바로 이런 것입니다. 살아가는 일에 목적이 없다는 것, 그것은 낭비되고 있다는 것입니다. 밟아 뭉개진 꽃처럼, 바다에 떠 있는 물거품처럼…….

그런데 이것이야말로 자유라는 것입니다. 목적이 없다는 것은 목적에 따르지 않아도 좋다는 것, 목적의 노예가 아니어도 좋다는 것이니까요. 구제 따위는 필요 없습니다. 우리는 말하자면 절대적인 비非-구제라는 형태로 이미 구원받았습니다. 이것은 늘 자유롭다는 것입니다.

우리는 이 세계에서 '목숨이 다하고 있습니다.' 우리는 한 사람 한 사람 목숨이 다하고 있고, 우리가 우리의 목숨을 서로 다하고 있습니다. 서로의 목숨을 다하는 것은 하나의 싸움입니다. 우리는 우리의 삶을 다 살아내면서 목숨이 다하고 있습니다.

이런 이야기를 하자면 한이 없습니다. 슬슬 끝날 시간이 다가오네요. 질의응답 시간도 있어야겠지요. 이런 것을 느끼기 위해서는 시인이어야 한다고 말했으니까 시를 세 편 낭독해보겠습니다. 그렇게라도 하지 않으면 마무리가 되지 않을 것 같아요.

『잘라라, 기도하는 그 손을』의 표제에 인용한 파울 첼란Paul Celan의 시를 읽어보겠습니다. 앗, 제가 외우지 못하면 웃음거리가 될 텐데……. (웃음) 저보다 더 잘 아는 사람이 있을지도 모르니까 만약 제가 틀리면 고쳐주세요. 독일어는 독학으로 배웠기 때문에 발음이 서툽니다. 발음이 나빠서 미안해요.

Schneid die Gebetshand

aus

der Luft

mit der Augen—

schere,

kapp ihre Finger

mit deinem Kuß:

Gefaltetes geht jetzt

atemberaubend vor sich.

번역하겠습니다. '잘려 접힌 것'은 '책'을 가리킨다고 이해해주
십시오.

잘라라 기도하는 그 손을

하늘

에서,

눈의

가위로,

그 손가락을 잘라라

네 입맞춤으로

이렇게 잘려 접혀진 것이

숨을 삼키는 모습으로 생겨난다.

이 시에 대해서는 주석이 필요 없다고 봅니다. 이 시에 대해 어떤 폭력성을 운운하는 사람이 있는데 그렇지 않습니다. "눈의 가위로, 네 입맞춤으로"라고 했기 때문에 여기에 있는 것은 직접적인 폭력성이 아닙니다. 어떤 과격함은 있지만 단순한 폭력이 아닙니다. 눈길과 입맞춤으로 행하는 절단, 그 후에야 '책'이 탄생한다는 뜻입니다. 단순한 폭력, 단순한 파괴행위를 노래하는 것이 아닙니다. '왜 의미를 만들어내야 하는가? 인류 자체의 삶이 무의미할지도 모르는데……' 하는 물음이 있어야 당연합니다. 간단합니다. 나중에 오는 사람을 위해서, 미래를 위해서 그래야 합니다.

니체가 말한 것처럼 이런 것은 시가 가장 좋습니다. 자신이 살아가는 세계를 기쁘게 여기는 일은 누구에게나 가능합니다. 슬퍼하는 것도 가능합니다. 그러나 그 이상이 있습니다. 자신이 죽은 다음의 세계, 자신이 없는 세계를 기쁘게 여기는 것 말입니다. 우선 이것만 생각해주십시오. 이것만 꼭 쥐고 놓지 마십시오. 이것은 아주 중요합니다. 이런 이야기를 하면 종교 냄새가 난다든가 생의 철학이라든가 비난하는 사람들이 있는데, 자신이 얼마나 왜소한 우물 안에서 우왕좌왕하고 있는지 생각해보라고 하십시오. 자신이 살아 있는 동안이어야 한다는 것, 내가 살아 있는 동안 결정적인 일이 일어나지 않으면 곤란하다는 것은 단순한 권력욕입니다.

자, 다음 시를 읽겠습니다. 가네코 미쓰하루金子光晴 시의 일부입니다. 기묘한 앙양과 황홀감으로 가득 찬 시구입니다.

해변 흰 모래의
축축한 살갗에,
잔물결이 밀려오고
잔물결이 밀려간다.

잔물결이 밀려가고
잔물결이 밀려오고,
언젠가는, 넌 보지 못하겠지.
언젠가는 나도 보지 못하겠지.

이 이상 인용하면 시인이 자기의 마음을 읊기 때문에 아주 농
염한 시가 되어버립니다. 그러니까 이쯤에서 그만두겠습니다.
(웃음)

마지막으로 베르톨트 브레히트의 시입니다. 기억하는지요? 이
것은 독일어로 생각이 나지 않는군요. 미안합니다. (웃음) 옛날에
대역對譯으로 읽었을 뿐이거든요. 하세가와 시로長谷川四郎 씨의
훌륭한 번역을 기억하고 있으니까 그것을 외워보겠습니다. 죽음
을 앞두고 쓴 시입니다.

자선병원의 새하얀 병실에서 나는
아침 무렵에 잠이 깨어, 개똥지빠귀가 우는 소리를
듣고, 예전보다도 그것을 잘 알아들었다
이미 오랫동안 내게 죽음의 공포는 없었다

나 자신이 없어졌다고 해도 내게는

아무것도 없어지지 않을 테니까

지금, 나는 할 수 있다

내가 없어진 다음에라도 개똥지빠귀 노래를

온전하게 기뻐하는 일을

이상입니다. 질문이 있으면 해주세요. (박수)

2010년 11월 22일, 와세다대학 생활협동조합 북센터 서적부에서

소설의 언어, 사상의 언어
(호사카 가즈시保坂和志와 나눈 대담)

언어의 역사는 단 5,000년

호사카/ 사사키 씨가 '세계의 종말은 말이 안 된다'고 하는데, 그건 유아론唯我論 같은 것이죠. 자신과 함께 세계가 멸망했으면 좋겠다는 말이니까요.

사사키/ 자신의 죽음과 세계의 죽음이 일치하기를 바라는 것인데요. 그건 결국 자신이 살아간 시대가 최고의 시대, 절정의 시대였으면—또는 최악의 위기시대, 이건 사실 똑같지만—좋겠다는 바람입니다. 또 자신이 죽은 다음에 세계가 황금시대를 맞이하지 않았으면 좋겠다는 것이고…….

호사카/ 그렇죠. 그런 거죠.

사사키/ 난 논리적으로도, 생리적으로도, 그런 바람을 전혀 이해할 수 없어요.

호사카/ 성서는 영원하다든가, 부처는 영원하다든가, 파르테논 신전은 영원히 남았으면 좋겠다든가, 미래 인류를 위해 영원히 남기고 싶다든가, 이럴 때 말하는 영원이란 몇 년을 말하느냐 하는 겁니다. 왜냐하면 예수가 태어나고 아직 2,000년밖에 지나지 않았잖아요. 1만 년 지나면 남을지도 모르지만 10만 년 후에 남는다는 일은 생각할 수 없겠지요. 우주 나이가 150억 년이고 지구 나이가 50억 년이라고 할 때 '아아, 여기에서 영원이라는 개념은 없어졌구나, 우주는 정해진 넓이가 있고 무한이라는 것은 없어졌구나' 하잖아요. 지구 나이가 50억 년이라고 알았을 때 영원이란 것이 없어졌다는 생각은 그래도 아직 낭만적이죠. 실제로 인류는 앞으로 몇 년 살아남는다고 이야기하나요?

사사키/ 380만 년이라는 설이 있기는 한데, 딱 잘라 말하기는 어렵죠. (웃음)

호사카/ 흠, 그럼 100만 년이라고 하죠, 뭐.

사사키/ 조금 양보해서 100만 년이라고 해둘까요? (웃음) 호사카 씨가 지금 갑자기 멋대로 장대한 이야기를 꺼내서……. 보세요, 이렇게 여러분이 황당하다는 표정을 짓고 있잖아요? (웃음) 이야기를 듣는 사람으로서는 좀 당황하겠지요. 이제 설명할게요. 내가 다음에 낼 책이 있는데 제목을 말해도 될까요? 에잇, 모르겠다. 가와데쇼보신샤河出書房新社에서 근간으로 나옵니다(『잘라라, 기도하는 그 손을』을 말한다. 2010년 10월 간행). 책 띠지에 실을 추천사를 받느라고 호사카 씨에게 원고를 넘겼기 때문에 먼저 내용을 읽으신 상태지요. 그 책 5장에 내가 말한 내용의 일부를 인용해서 이야기하기 시작한 겁니다.

간단하게 요약해서 말씀드리죠. 이제까지 지구상에 몇 종류의 생물이 등장했을까요? 무려 40억 종이라고 하는데, 그중에서 현존하는 것은 4,000만 종이랍니다. 단 0.1퍼센트! 그 '종'의 평균수명을 계산해보면 대강 400만 년이 됩니다. 오스트랄로피테쿠스 등은 200만 년 이상 전부터 존재했고, 우리 직전 조상이라고 할 호모사피엔스는 지구상에 태어난 지 대강 20만 년쯤 됩니다. 따라서 아주 소박하게 생각하면 앞으로 우리에게는 380만 년쯤 남아 있다고 할 수 있지요.

　이것은 고생물학이나 진화생물학에 따른 지식입니다. 물론 이 분야의 과학자들은 전문가이고 그들의 첨단 논의는 영어 학술잡지에 실립니다. 계간이든 월간이든 전문잡지에 말이지요. 내가 이야기하는 수치나 지식은 책에 나온 것입니다. 이 말인즉슨, 내가 언급하는 지식은 아무래도 몇 개월이나 1~2년쯤 지났다는 말입니다. 과학 분야에서는 이미 낡은 지식이죠. 나 같은 문외한은 학술잡지 수준까지 성실하게 논의를 따라가는 것은 부담스럽습니다. 이런 학문에 관심 있는 사람, 또는 여러분 중에 대학원에서 고생물학을 공부하는 사람이 있다면 도움을 받으면서 이야기를 진행하고 싶습니다. 수치 자체는 새로운 발견이 있을 때마다 달라집니다. 그 점을 염두에 두십시오. 예컨대 기억이 희미해졌지만 분명 1990년대 초에 나온 책에는 100만 년이라는 수치가 쓰여 있었던 것 같습니다. 380만 년이 아니라…….
내가 읽은 책에서는 2005년부터 2006년까지 나온 데이터를 활용했으니까 새로운 수치가 나왔겠지요. 일단 이 수치는 일시적이라는 점을 짚어둡시다. 여하튼 인류가 멸망하기까지 100년밖에 안 남았다는 연구결과가 불쑥 나올 수는 없습니다. 적어도 자연사라면……. (웃음) 어느 쪽이든 수백만 년 단위라는 점은 틀림없습니다. 호사카 씨는 이런 점을 전제로 이야기하고 계십니다.

오늘은 '언어'에 대한 이야기를 할 테니까 한 가지 전제를 더 달아놓겠습니다. 호모사피엔스가 '예술'이라고 불리는 행동을 시작한 것은 언제일까요? 최초의 기하학적 무늬나 장신구가 나온 것은 대강 7만 5,000년 전입니다. 회화는 3만 년이나 그보다 좀 더 오래되었을까요? 음악의 경우라면 새 뼈로 만든 플루트를 3만 7,000년 전 유적에서 발굴했다고 하니까 유구한 역사를 갖고 있지요. 다시 한번 짚어두지만, 이런 것도 신발견으로 경신될 데이터입니다. 4만 5,000년 전 지층에서 플루트가 볼쑥 나오는 일이 있을지도 모릅니다. 이렇게 이야기하고 있는 이 순간에도 아프리카 동굴유적 안에서 고생물학자나 고고학자가 환호성을 올리고 있을지도 모르고요. 그렇게 생각하면 어쩐지 유쾌한 기분이 듭니다. (웃음)

수준 높은 고대미술로 유명한 알타미라 유적이 1만 8,000년 전입니다. 여기부터가 중요해요. 우리는 오늘 소설의 언어와 사상의 언어에 대해 이야기하려고 하는데—우리의 언어, 즉 문자를 갖춘 언어 말입니다—, 문자는 몇 년 전부터 있었을까요? 몇만 년 전부터일까요? 아닙니다. 인류가 문자를 발명한 것은 5,000년 전입니다. 복식·음악·회화 등 몇만 년의 역사를 자랑하는 다른 예술과는 달리 문자에 의한 언어예술은 강조해서 말하건대 '기껏해야' 5,000년의 역사밖에 없습니다. 문자예술은 아주 젊습니다. 따라서 우리는 어쩌면 다른 예술에 비해 아직

소설의 언어, 사상의 언어

'문자'에 익숙하지 않을지도 모릅니다. 읽고 쓰는 것이 서툽니다. 인류는 모두 '문자사용'의 초심자일지도 모릅니다. 이제 막 걸음마를 시작한 아기처럼 문자를 읽고 쓰는 것일지도 모릅니다.

글을 읽는다는 것

호사카/ 글을 읽는 행위는 힘들지요. 다들 글이란 건 수월하게 읽을 수 있다고 생각하겠지만, 말을 하거나 수동적으로 음악을 흘려듣는 것보다 훨씬 힘듭니다. 인간의 뇌가 일시적으로 집중할 수 있는 주의력에는 한계가 있는데, 글을 읽는 일은 상당한 주의력을 요합니다. '일단 읽고 있는 상태를 유지시키는 것'이 대단히 중요합니다. 실제로 책을 읽지 않는 사람이 많다는 현상은 책을 읽는 일이 힘들다는 말입니다. 대다수 사람이 멍하니 텔레비전을 보거나 편하게 음악을 듣는 일에 비해 '읽는' 행위를 지속시키는 상태가 정말 힘들다고 인식하고 있기 때문에 '일단 책을 집어 들고 읽는 일'이 무척 어렵지 않은가 생각합니다.

지금 읽고 있는 상태를 지속시켜주는 문장, 읽었다는 것만으로 만족감을 주는 문장이 많지요? 내용이 아니라 일단 '읽었다'는 사실만으로 만족감을 얻을 수 있는 것은 꽤 많습니다. 독서는 그런 것이지요. 그러니까 『악인惡人』01이나 『메타볼라メタボラ』02 같은 작품은 시시한데도 재미있다고 하는 거지요. 따분하기 때문에 재미있는 겁니다. 더 따분하면 어렵다든가 무슨 뜻인지 모르겠다고 합니다.

회화가 탄생한 지 7만 5,000년이라고 하는데 문자는 5,000년밖에 안 됩니다. 역시 우리는 아직 문자를 제대로 활용하지 못하고 있는 상태라고 생각합니다. (화이트보드에 다음 문장을 쓴다.)

나는 새끼 고양이가 움직이는 것을 보고 있으면 언제나 파충류 같다.

「살아 있는 기쁨生きる歓び」이라는 내 소설에 나오는 한 문장입니다. 다들 이 문장을 이상하다고 하더군요. '언제나 파충류를 떠올린다'고 하거나 '파충류를 연상한다'고 고치라고 말합니다. 최근에 생각해봤는데 거꾸로 내가 '언제나 파충류를 떠올린다'고 썼다면 '언제나 파충류 같다'고 고칠 수 있다고 말할 수 있겠지요? 다시 말해 독자는 이런 지적을 즐기려는 것입니다. 따라서 누군가 먼저 글을 쓰기 시작하지 않으면 재미가 없겠지요. 고칠 수 있다는 것은 그렇게 읽을 수 있다는 뜻이니까 그렇게 글이 쓰여 있다는 것과 같습니다. 이런 건 이대로 좋지 않을까

01 인간 심연의 악의를 날카롭게 파헤친 감성 미스터리라는 호평을 받으면서 대중적으로 사랑받은 요시다 슈이치吉田修一의 소설.
02 니트, 프리터, 워킹 푸어, 은둔형 외톨이 등 다양한 호칭으로 불리는 하류 인생들의 모습을 통해 사회의 잔혹함을 고발한 기리노 나쓰오桐野夏生의 소설. '메타볼라'는 건축 용어 '메타볼리즘Metabolism'(도시사회를 생명체로 바라보는 건축학적 관점)에서 착안한 작가의 조어로서, 청년층을 잡아먹고 자라는 현대사회를 상징한다.

싶습니다.

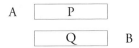

지금 내가 화이트보드에 글을 쓴 시간만 해도 30초입니다. 나는 거의 손글씨로 글을 쓰는데 조금 긴 문장을 쓰면 30초, 1분이 걸립니다. 그러다 보면 실제로 문장을 쓰기 시작했을 때 생각난 것을 쓰는 도중에 잊어버립니다. 그래도 잊어버리는 것보다 뭔가 써두는 것이 기억을 위해 좋으니까 글을 씁니다. 그렇게 글을 쓰니까 한 문장에서 AB가 완전히 둘로 나뉘는 일이 일어납니다. 그리고 그것을 썼을 때 지적과 수정이 들어옵니다. 당신이 글을 고칠 수 있었다는 것은 당신이 그렇게 읽을 수 있었다는 뜻이고, 그것으로 충분합니다.

또 하나는 이렇게 글을 썼다는 것은 글을 쓰고 있는 자신이 이 상태에 있는 A에서 B로 기분이 바뀌었다는 것입니다. 이것은 여기에서 단절이 이루어졌다는 의미입니다. 여기에서 단절되지 않은 문장을 고집하면 마음이나 사고가 A에서 B로 순조롭게 이동하지 못합니다. 그러니까 글을 쓰는 이 시간 속에서, 글을 쓰는 인간에게 중요한 것은 A에서 B로 이동하는 것이라고 생각합니다.

카프카와 브뤼헐

호사카/ 이제부터 낭독하려고 하니까 잘 들어주세요. 치쿠마문고에서 나온 『카프카 선집』 제3권 가운데 「나는 여기에 확실하게 표명해두는데」라는 제목이고 19쪽입니다.

이런 당치도 않은 주장이 퍼지고 사람들이 믿는다는 것은 기묘한데 그것보다도 훨씬 더 기묘한 일은 사람들이 이 일을 가볍게 생각하고 입에서 입으로 전하고, 믿으면서도, 기껏해야 머리를 좌우로 흔들어 보일 뿐 일 자체는 그대로 방치해두는 것이다.

무슨 뜻인지 아시겠어요? 대충은 알지도 모르지만 들으면 들을수록 뜻을 알 수 없어집니다.

이런 당치도 않은 주장이 퍼져나가 사람들이 믿는다는 것은 기묘한데, 그것보다도 훨씬 더 기묘한 일은 사람들이 이 일에 대해 가볍게 생각하고 입에서 입으로 전하며, 또 믿으면서 기껏해야 머리를 좌우로 흔들어 보일 뿐 일 자체는 그대로 방치해두는 것이다.

이것도 모르겠지요?
하나 더 있습니다. 같은 단편斷片 중에 나오는 문장입니다.

그 삶의 모습이 어떠한가 하면, 여기에 남자가 한 사람 있는데, 어떤 아가씨에게 마음을 두고 있는데 사랑을 거절당하고 있다고 해서, 바람을 이루어줄 수단이 될 법한 것은 무슨 일이든 하려고 할 때, 외면적으로도 어떤 장애도 없었던 남자는 마음을 다해 그 아가씨와 함께 살 것이라는, 예를 들면 그런 식의 삶의 모습이었다. (웃음)

사사키/ 아하하하. (웃음)

(장내 폭소)

호사카/ 이케우치 오사무池内紀가 번역한 카프카는 영 틀렸어요. 익숙한 일본어로 바꾸어버리니까요. '무슨 소리야?' 하고 되묻는 재미가 없어져버려요. 그가 번역한 하쿠수이샤白水社의 카프카 시리즈가 나왔을 때 각 신문의 서평은 입을 모아 '처음으로 읽을 만한 카프카가 나왔다'고 했습니다. 자, 그러면 당신들이 읽은 것은 이제까지 읽을 만하지 않았습니까? 이것도 큰 문제지만, 우선 읽을 만한 카프카는 재미가 없어요. 『성城』의 첫머리는 "K가 도착한 것은 으슥한 밤이 되고 나서였다"라는 번역이었는데, 이케우치 오사무만 "K는 밤늦게 마을에 닿았다"고 했어요. 뭔가 싱겁지 않나요? '어라, 좀 이상한데' 하는 것을 이케우치 오사무 번역과 대조해보면 엄청나게 매끄러운 보통 일본어가 되어 앞뒤를 딱 맞추어버리니까요.

내가 아까 A와 B 같은 것을 생각한 것도 카프카 때문이었어요. 『카프카 선집』제2권의 번역과 해설을 썼던 시바타 쇼柴田翔

가 카프카의 문장은 '순서를 되풀이하는 형태'라고 말했어요. 쓰기 시작하고 나서는 생각이 떠오르는데도 슥슥 이어나가기 때문에 입구와 출구가 전혀 달라져버려요. 이건 정말 좋은 일이지요. 순서를 되풀이하다가 점차 문장 속에서 기분이 달라져도 좋고요.

하나 더 재미있는 것이 며칠 전까지 분카무라[03]에서 판화전을 열던 브뤼헐Bruegel입니다. 내가 특히 좋아하는 것은 유화도 포함해 브뤼헐의 풍경화입니다. 메타픽션을 중심으로 글을 쓰는 뮤리엘 스파크Muriel Spark라는 여성 작가가 있답니다. 그녀의 소설에는 소설가였던 죽은 아저씨가 남긴 노트가 나오는데, 노트를 펼쳐보니 브뤼헐의 그림에서 소실점을 찾아내라는 숙제가 있었다는 이야기가 있었답니다. '있답니다'라든지 '있었답니다' 하고 전해주는 말투를 쓴 이유는 내가 직접 읽은 것이 아니라 아내한테 들은 이야기이기 때문입니다. 소실점이라는 것은 원근법 안에 있는 한 점을 말하는데, 브뤼헐의 풍경화에는 원근법의 소실점이 없어요.

사사키/ 네, 없지요.

호사카/ 오늘날 브뤼헐의 그림을 그려놓으면 '이거 어쩌자는 거야?' 할 겁니다. (웃음) (호사카 씨는 실제로 화이트보드에 브뤼헐의 그림

03 文化村: 1989년 도큐백화점의 후원으로 도쿄 시민들의 문화와 예술에 대한 욕구를 충족시키기 위해 만들어진 복합문화 시설. 공연장과 극장 외에 아트 숍과 카페, 레스토랑이 마련되어 있다.

을 그린다.) 이렇게 먼 곳에 산이 있고 가까운 곳에 길이 있고, 또 여기에 산이 있고 여기에 말이 있고, 이쯤에 놀고 있는 아이가 두어 명 있고…….

사사키/ 호사카 가즈시가 그리는 브뤼헐은 볼 수 없을걸요, 다른 데서는……. (웃음)

호사카/ 이건 원근법이 전혀 아니라는 것만큼은 알겠지요? 브뤼헐의 풍경화는 어느 책방에 가더라도 화집으로 볼 수 있으니까 한번 보세요. 들여다보고 있으면 정말 시간 가는 줄 몰라요. 누군가 이야기하는 것을 듣는 느낌이거든요. 언어로 이야기할 수 있는 그림이라는 뜻이 아니라 참으로 이야기를 듣는 것 같은 그림이라는 뜻입니다. 옛날에 다니카와 슌타로谷川俊太郎였던가요? 아니면 다른 누구였는지 잊어버렸는데, 새의 시야는 아주 특이하다고 합니다. 넓은 하늘을 날고 있으니까 저 멀리 산까지 보고 있겠지 싶지만, 아래쪽에 있는 토끼를 발견하고 토끼를 위에서 덮칩니다. 새는 한순간에 시야의 넓이나 거리를 점점 바꾸어간다는 말이었는데, 바로 그런 느낌입니다. 저는 예술대학[일반적으로 도쿄예술대학을 가리킨다]에서 이야기할 때도 폴 세잔 Paul Cézanne의 그림을 그린 적이 있어요. (웃음) 세잔이 그린 생트빅투아르Sainte-Victoire 산의 능선을 얘기하면서 능선만 그렸어요. (웃음)

사사키/ 대단하시네. (웃음)

호사카/ 브뤼헐의 그림은 '당신, 대체 어디를 보고 있는 거요?' 하는 느낌이지요. 자꾸만 초점이 바뀌니까 눈이 즐겁습니다. 나는 브뤼헐의 그림과 카프카의 순차적 전개방식 같은 문장, 그러니까 입구와 출구 사이에서 기분이 자꾸 달라지는 문장을 쓰고 싶습니다. 하지만 한편으로는 자기 내면의 규제가 걸려서 마음껏 자유롭게 쓰지는 못하지요. 역시 지나치게 빗겨나가면 멀미하듯 울렁거립니다. 그런 것과 싸워야 하지요. 어떠십니까?

사사키/ 어이쿠, 아닌 밤중에 "어떠십니까?"라뇨? 내 차례란 말씀인가요? ……갑자기 '진행'을 하시면 어떡해요? (웃음) ……흐음.

방금 한 호사카 씨 말씀을 확인할게요. 브뤼헐은 '초점이 없는', '원근법이 없는' 그림을 그렸고, 그럼으로써 시선을 고정시키지 않았고, 그럼으로써 한눈에 다 내려다보았다. 그 대신 시간적으로 회화의 세부 하나하나가 그것을 보는 시선을 향해 '순서대로 펼쳐지는' 그림을 실현했다. 그리고 그것은 카프카의 문체와 닮아 있다…… 이런 것이었다고 생각합니다.

호사카 씨는 이야기를 갑자기 훌쩍 비약시키는 사람이라 오늘은 나도 비약 좀 해볼까 합니다. (웃음) '문자'는 실은 대단히 신기하지요. 이것을 철학적으로 철저하게 파고들면 엄청난 소동이 벌어지겠지만 이 자리에서는 살살 넘어가겠습니다. 우선 문자는 언어입니다. 언어이기 때문에 목소리입니다. 억양이 있고, 운율이 있습니다. 아무리 짧은 인사말을 건넬 때도 멜로디나 리듬이 있지요. 즉 '음악', '음악성'이 있습니다. 세계에 무수히 존재하는 서도書道문화를 보면 알 수 있듯, 문자는 훌륭한 '회화'이기도 합니다. 아주 평이하게 말하면 문자의 '회화성'과 '음성성'과 '음악성'을 '변환할 수 있다'는 것이 곧 '읽을 수 있다'는 뜻입니다. 이것은 비트겐슈타인이 간결하고도 엄밀하게 말한 바인데, 시간관계상 상세한 논의는 일단 접어두겠습니다.

그런데 문자에 의한 예술, 즉 '문학'은 그런 의미에서 '음악'이기도' 합니다. 음악도 작곡자의 악보를 '읽고' '해석해' 연주한다는 원칙에 입각해 있습니다. 지금 호사카 씨가 카프카를 낭독하면서 정말 즐거운 듯 웃었지요. 호사카 씨는 카프카가 작곡한 악보를 연주한 것과 같습니다. 조지 거슈윈George Gershwin이 작곡한 곡을 콜트레인이 테너색소폰으로 낭랑하게 분 것과 같지요. 다들 웃음을 터뜨렸지요? 나도 깔깔대고 웃었습니다. 이는 호사카 씨가 골계적인 톤으로 읽었기 때문이 아닙니다. 그 반대지요. 낭독했기 때문에 다들 웃었다는 것이 중요합니다. 웃을 일이 아닐 만큼 중요해요. (웃음)

아주 유명한 일화가 있어요. 친구 막스 브로트Max Brod를 비롯해 동료들의 모임에서 카프카가 『변신』을 낭독했더니 다들 폭소를 터뜨렸습니다. 카프카 자신도 참을 수 없어 웃음을 터뜨리고 말았지요. 카프카의 소설은 매우 난해하고 꺼림칙할 뿐 아니라 잔학함도 있어서 웃을 수 없지 않나요? 하지만 모두들 웃었잖아요. (웃음) 나는 오늘 기뻐요. 남녀노소 불문하고 이렇게 와주셔서요. 여러분 중에도 카프카를 거북해하거나 읽은 적이 없는 사람도 있겠지요. 아까 해맑은 표정으로 웃는 모습이란 정말……. (웃음)

물론 독일어로 읽으면 아슬아슬한 대목에 슬그머니 머리를 내미는 유머를 더욱 잘 이해할 수 있지요. 나는 이래 봬도 연구자이기 때문에 문예비평을 하거나 철학을 공부할 때 원서를 벗어난 것은 논외로 칩니다. 고압적으로 학문의 규칙을 강제하려는 것이 아니라 예의나 인의仁義의 문제입니다. 잘난 척한다고 뭐라 하지 마시고요. 나도 영어와 프랑스어가 아니면 원서를 읽을 때 식은땀을 흘리니까요. (웃음)

호사카 씨는 원서를 읽지 않고서도 번역자보다 훨씬 더 카프카에 대한 올바른 '해석', 즉 카프카를 정확하게 읽었다는 것을 증명해주었습니다. 테너색소폰을 분 셈이지요. 본인도 말했듯 새롭게 번역한 사람들의 노력도 있겠지요. 당연히 그런 사람들은 제외해야겠지만, 독일어를 좀 안다고 실력도 없으면서 잘난 척 번역한 것보다 방금 보신 호사카 씨의 퍼포먼스가 더욱 카프카의 의도를 잘 전해줍니다. 왜냐하면 독일어가 모어인 연구자라고 해도 카프카를 전혀 모르는 사람도 있으니까요.

소실점을 여러 개 집어넣기

호사카/ 브뤼헐 얘기를 하다 생각났는데 브뤼헐 그림에 소실점이 많다는 것은 복수의 문장이 있는 상태가 아닐까요. 문장을 쓸 때도 초점, 소실점을 여러 개 집어넣는 것은 가능하지 않을까요. 보통은 하나의 소실점, 즉 화자(글쓴이)의 위치가 확실하게 정해져 있습니다. 글 쓰는 사람은 하나의 소실점으로 글을 쓰도록 훈련하기 때문에 글을 쓰는 내내 그 상태를 유지하는데, 사실은 문장 도중에 살짝 벗어나는 편이 재미있습니다. 재미없는 소설을 재미있다고 읽는 사람들은 읽는다는 것 자체가 힘겹기 때문에 소실점 일탈이 불가능하지요. 문장을 읽는 것만으로도 허덕거리는 주제에 재미가 있다는 둥 없다는 둥 말할 자격은 없지 않느냐고 얘기하고 싶어요. (웃음)

사사키/ 또 이야기가 비약했어요. 소실점이 여러 개 있다는 이야기를 실제로 실천하고 계시네요. (웃음) 그런데 말이지요. 호사카 씨가 지금 이야기한 '재미없는 소설'은 한마디로 뭐라고 할까요? 그러니까 재즈의 명곡, 스탠더드 넘버⁰⁴를 밋밋하게 연주하거나 아르바이트로 돈을 벌기 위한 타성으로 음악에 종사하는 스튜디오 뮤지션의 연주음악instrumental music 같은 것 말이지요. 백화점 가면 배경음악으로 흘러나오죠? 비틀스를 무미건조한 오케스트라로 연주한 곡, 그러니까 아무렇게나 분위기를 띄우는 음악 말입니다. 호사카 씨가 말하는 '재미없는 소설'이란 그런 음악 같은 것을 가리킵니다. 그런 음악은 들어도 즐겁지 않고, 흥도 나지 않고, 춤을 출 수도 없잖아요. ……힙합을 예로 들고 싶지만 모르는 어르신들이 계실지도 몰라서……. (웃음) 이어서 힙합의 아버지라 불리는 재즈 이야기를 할까요. 재즈의 스탠더드 넘버 〈The foolish thing〉이라면 뭐니 뭐니 해도 스탄 게츠Stan Getz의 테너색소폰이나 엘라 피츠제럴드Ella Fitzgerald의 노래로 듣

---

04 standard number: 일정 시기의 히트곡을 넘어 오랜 세월 동안 누구에게나 사랑받는 곡. 고전, 에버그린evergreen, 튠 넘버tune number라고도 한다.

는 것이 정답이지요. 당연합니다. 지금 하는 이야기는 아주 단순하고 소박합니다. 건방진 태도로 재즈 스탠더드 넘버의 악보를 보고 '흥, 이런 건 옛날부터 알고 있었지. 이미 숙달한 지 오래거든' 하는 표정으로 타성에 젖어 연주하거나 노래 부르는 사람보다는 긴박한 느낌으로 '지금 여기'에서 '퍼져나가는' 음악의 순간에 집중하는 연주자가 훨씬 낫다는 것은 말할 필요도 없지요. 아까 호사카 씨의 카프카 낭독은 카프카 문장의 교묘하게 뒤틀린 운동성을 다채롭게 드러내주었습니다. 소설이든 무엇이든, 전부 컨트롤할 수 있고 이미 알고 있어서 교과서대로 따라 쓰기만 한다면 재미없겠지요.

호사카/ 그리고 문장을 떠나 단락의 길이만 하더라도, 써 내려간 몇 페이지를 컨트롤할 수 없다면 불안하겠지요. 소설가 고지마 노부오小島信夫 씨와 예전에 담화를 나누었을 때 이렇게 물었어요. "에토 준江藤淳 씨는 무엇을 기준으로 소설을 좋다는 둥 나쁘다는 둥 말하는 것일까요?" 그 대답은 이랬습니다. "작품을 관리했느냐 못 했느냐, 또 작가로서 작품을 컨트롤했느냐 못 했느냐에 있겠지요." 그래서 에토 준 씨의 기준은 시답지 않다고 생각했어요. 저와는 사고방식이 완전히 다른 것이겠지만……. 그가 쓴 소설 문장은 정말 따분해요. 속도감도 없고 스릴도 없지요. 하지만 위에서 내려다보며 컨트롤하고 있어요. 써놓은 글을 컨트롤할 수 있다는 것은 초보 문자 단계라면 중요할지도 몰라요. 바꾸어 말해 바이올린, 첼로 등 프렛05이 없는 악기로 도레미파솔라시도를 틀리지 않고 연주할 수 있는 기술, 그 기술은 중요할지 모릅니다. 그러나 예술적 표현은 그다음부터지요. 문장에는 프렛이 확실하지는 않아요. 연주·춤·그림이라면 한눈에 능숙한지 아닌지를 판별할 수 있지만 문장은 알 수 없잖아요.

요전에 시바 료타로司馬遼太郎의 『가도를 간다街道を行く』에 나오는 오우미近江[현재 시가滋賀 현의 옛 지명] 이야기를 읽었어요. 이 책 시리즈는 몇 권 읽고 도중에 그만둔 기억이 있는데, 이번에도 결국 읽다가 질려버렸어요. 왜 질리는지 금방 알았지요. 그리고 '흠, 이래서 이 사람은 인기가 있구나' 하고 생각했습니다. 한마디로 시바 료타로는 결코 그 땅으로 발을 내딛지 않아요. 단지 관광객으로서 돌아다닐 뿐이지요. 사전지식과 풍경, 발언 등을 묶어놓고 다음 행선지로 떠나요. 그 땅이 몇백 년에 걸쳐 이룩한 풍토는 어떠한가? 자신이 문헌으로 익힌 지식과 실제 풍토가 어떻게 다른가? 나아가 그 땅에 사는 사람의 마음은 어떠한가? 이런 관심은 전혀 없지요. 난 이런 걸 알고 있어, 사람들은 이렇게 말했어, 내가 읽은 문헌에 나오는 곳이구나 하는 식으로 넘어갑니다. 이렇게 재미가 없으니까 국민작가가 되었다고 생각합니다. 이런 비판은 새삼 놀랄 일도 아니지요.

사사키/ 그렇습니다. 나는 에토 준, 시바 료타로에 대해서는 잘 몰라서 비판적 관점도 없어요. 하지만 호사카 씨는 그들과 같은 '지적인 컨트롤'이란 '수준이 낮다'고 말했는데, 전적으로 동의합

---

05 fret: 현악기에서 현의 분할 사용을 쉽게 하기 위한 장치. 왼손가락을 누르는 곳에 작은 철 조각을 박아 넣어 정확하게 줄을 누를 수 있도록 하고 음을 쉽게 끊도록 도와준다.

니다. 전체 그림을 조감하지 않으면 불안하다는 것이겠죠. 음악이라면 코드 정도는 칠 줄 알아야 한다는 말일 겁니다. 그래도 초등학교 작문이 아니잖아요. 여러분 중에 음악 관계자도 많겠지요. 보통 피아노라면 바이엘이나 체르니를 배우지요? 그런데 차마 믿을 수 없는 일인데, 문학의 세계에서도 '난 음계를 칠 수 있어! 바이엘도 칠 수 있어!' 하며 뽐내는 인간이 있습니다. 연습이나 훈련을 하지 않는 사람들이 많지요. 내가 하고 싶은 말은 바로 이겁니다.

그런데 이런 말을 하면 '호사카와 사사키는 잘난 척하는군, 자기들은 기술이 있답시고 기술 없는 사람을 깔보고 있어, 반시대적인 놈들!' 하고 말하는 사람이 있습니다. 그렇지 않습니다. 그 반대입니다. 깔보고 조롱하는 사람은 도리어 '난 기술은 없지만 이 정도면 통할 거야' 하고 생각하는 사람입니다. 앞으로 이 점에 대해 이야기하겠습니다.

……흐음, 재즈에 비유하면 알기 쉬울 것 같네요. 너무 당연해서 누구나 알겠지만 재즈는 즉흥성이 생명입니다. 그렇다면 적당히 연주하면 되지 않느냐고요? 절대 그렇지 않습니다. 재즈 뮤지션만큼 죽어라 연습하는 사람도 없습니다. 옛날에 내가 십대가 끝날 즈음에 멍하니 텔레비전을 봤는데요. NHK 심야 프로그램으로 히노 데루마사日野皓正가 음대생에게 직접 재즈를 가르치는 것이 있었습니다. 그런데 그는 독특한 어조로 "몇 시간 연습했어?" 하고 물었고, 음대생이 자신 있게 "열두 시간이요" 하고 대답했지요. 그러자 그 사람 특유의 웃음을 짓는데, 얼

굴은 웃고 있지만 눈초리에는 분노가 담겨 있었어요. 그는 이렇게 내뱉었습니다. "그래? 연습시간이 적군그래. 그 정도야? 재즈를 얕보는 거야?" 순간 촬영현장에는 긴장감이 감돌고 악기를 들고 선 젊은이는 눈물을 흘렸어요. 그런데도 히노 씨는 조금도 용서의 낌새 없이 차가운 어조로 말했습니다. "너 같은 건 음악을 그만두어야 해. 등신!" 이 자리에는 동생인 히노 모토히코日野元彦 씨도 있었어요. 재즈 드러머였지요. 그는 성품이 인자한지라 "형, 그러지 말고 좀 참아. 학생이니까 바빠서 그럴 거야. 그렇게 심하게 말하지 말라고……"라고 했습니다. 그래도 히노 데루마사 씨는 태연하게 "어째서? 어째서 자는 시간 말고는 전부 연습하지 않는 거야? 할 생각이 없는 거 아냐?" 하고 말했습니다. 당사자가 아닌데도 내 가슴이 다 떨리더라고요. (웃음) 재즈는 그럴 정도예요.

호사카/ 히노 데루마사 씨는 그런 사람이에요. 이 사람은 바늘로 찔러도 피 한 방울 안 나올걸요. 〈어서 오세요, 선배님〉이라는 프로그램에서 중학생 관현악단의 여자아이가 "트럼펫을 잘 불고 싶은데 어떻게 하면 좋을까요?" 하고 물었더니, "하루에 열다섯 시간 연습해!" 하더라고요. 이 사람 대단하다 싶었지요.

사사키/ 아니 정말 그래요. 내가 음악 좀 했을 때 친하게 지내던 알토색소폰 부는 남자애는—이 아이는 연주실력이 뛰어나 지금은 프로뮤지션으로 활약하고 있을 텐데—아르바이트로 뺏긴 시간을 벌충한다고 하루에 열여섯 시간 죽어라 미친 듯이 색소폰을 불었어요. 그렇게 연습하면서도 아직 연습이 부족하다면서……. 게다가 아르바이트로 번 돈을 비싼 알토색소폰 구입에 다 털어 넣고는 삐삐 말라갔어요. 마치 귀신 같았지요. 마일스 데이비스Miles Davis가 이렇게 말했답니다. "연습이란 기도 같은 것이야. 일주일에 한 번, 한 달에 한 번쯤 해서는 안 된다." 예술이란 그런 것이죠.

그렇게 연습해서 높은 수준에 달해야 비로소 즉흥이 가능합니다. 세상에 얼마든지 있는 멜로디를 불거나 치거나 노래하는 차원이 아니어야 비로소 즉흥연주를 시작할 수 있습니다. 피아노를 하나도 칠 줄 모르는 아이의 즉흥연주란 그저 건반을 꽝꽝 두드리는 거잖아요? (사사키 씨가 갑자기 생수 한 병을 벌컥벌컥 다 마셔버린다.) 호사카 씨, 왜 웃죠? (웃음)

호사카/ 나 참, 옆에서 얘기하고 있는데 포카리스웨트를 마시거나 바나나를 꺼내서 먹으니까 윔블던 테니스 대회 같아서요. (웃음) 자, 계속하시지요.

사사키/ 무슨 얘기를 하다 말았죠?

호사카/ 즉흥연주요.

사사키/ 방해하지 말아주세요. 한창 즉흥연주를 하고 있는 참인데. (웃음) 음, 그러니까, 뭐였더라? 까먹었네. 아, 그렇지, 생각났어요. 히노 데루마사 씨 이야기였지요. 이런 예는 재즈 역사 이후에 셀 수 없이 많지만 오늘은 히노 씨 예만 들지요. 그가 정통적인 포비트[06] 재즈가 아니라 퓨전 재즈랄까 재즈 펑크에 가까운 음악을 만든 앨범이 있습니다. 라틴음악, 삼바, 레게 같은 요소를 집어넣어서요. 이 앨범을 들으면 기분이 좋아져요. DJ로 틀어도 신나게 춤을 출 수 있지요. 무드 뮤직 같은 것이라고 생각하죠? 아닙니다. 그 정도 단련을 거듭하면 보통 수준의 재즈로 볼 때는 애드리브의 요소가 별로 없습니다. 적어도 전면에 나오지 않아요. 악보도 제대로 쓰고 많은 부분을 확실하게 정해놓고 연주하지요. 그런데도 사실은 자율적이고 자유분방하고 비상하는 느낌이 있어요. 훌륭한 운동성이 있습니다. 지금 '펼쳐지고 있다'는 느낌으로 들려요. 그런 수준까지 실력을 세밀하게 구축해놓은 다음에야 즉흥이 가능한 겁니다.

단련이 끝난 다음의 자유

사사키/ 이것은 오늘날 시작된 것이 아니라 옛날부터 그랬습니다. 예컨대 르네상스 시대에 외교관이자 작가였던 발다사레 카스틸리오네Baldassare Castiglione(1478~1529)라는 사람이 있었는데요. 이 사람에게서 유래한 용어로 15세기 말부터 줄곧 이탈리아 미술비평에 쓰이는 미학적 개념이 있습니다. 바로 스프레차투라sprezzatura입니다. '분방함'으로 번역하면 될는지……. 이 말의 구체적인 의미를 설명하자면, 번개처럼 번쩍거리며 사람을 덮치는 것, '계산된 무심함', '최고로 단련한 자연스러움'이라고 할 수 있

---

06 four beat: 한 소절을 네 개의 비트로 균등하게 나누는 것. 스윙이나 모던 재즈에 특정적인 형식이다.

습니다. 한마디로 연습하고 또 연습하고 또 연습해서 극한까지 단련한다는 뜻입니다. 예를 들어 춤을 출 때는 미리 안무를 정해놓지만, 완전히 자유분방하고 즉흥적인 동작으로 춤을 추는 것 같습니다. 엄청난 훈련 뒤에 출현하는 자유로움, 가벼움……. 마치 이치로 선수가 자유자재로 가볍게 야구 방망이를 휘두르는 모습을 떠올리면 좋을 듯합니다. 그런 경지를 스프레차투라라고 합니다. 보통 훈련이나 연습은 정해진 형태를 몇 번씩 반복적으로 하느라 자유로움이나 자발성, 창의성을 죽인다고 생각합니다. 그러나 실제로는 전혀 그렇지 않지요. 오히려 훈련 끝에 얻어지는 자유로움, 진정한 기량으로 뒷받침된 자유로움이 있는 법입니다. 어느 예술이든 똑같습니다. 그림이든 시든 음악이든, 수련을 쌓은 끝에야 비로소 한번 패를 던져본다고 할까, 애드리브를 낼 수밖에 없는 순간이 찾아옵니다. 그 순간 반짝거리는 것이 반드시 있습니다.

호사카/ 견고하게 정해진 몸짓이나 이미 존재하는 곡도 최초에는 애드리브처럼 나왔을 것 아닙니까. 그러니까 처음으로 돌아갈 수만 있다면 문제없겠지요. 마치 정해진 몸짓으로 처음 춤을 추었을 때와 같이 똑같이 하면 됩니다.

사사키 씨가 말한 것이 바로 이것입니다. 인류의 380만 년 중에 인간이 남긴 것이나 인간이 기억하는 것은 어떤 것일까요? 바보처럼 문학사에 남는 작품을 쓰고 싶다든가 100년 후에도 남을 작품을 쓰고 싶다고 말하는데, 남는다는 것은 한순간의 일이 아닙니다. 저는 소설가니까 소설 쓰기를 중심으로 사고합니다. 자, 100년 후에도 읽을 수 있는 소설을 쓴다고 말하는데, 그러면 200년 후는 어떻게 됩니까? 100년 후 모르는 사람들이 읽어주기를 바란다는 생각 자체가 불손하다고 생각합니다.

사사키/ 나는 후세에 무언가를 남기려는 의지는 중요하다고 봅니다. 하지만 그것은 '내'가 남기겠다는 것이 아닙니다. 그런 생각은 너무 유치해요. 남기는 주체는 자신이 아니어도 됩니다. 반드시 자기가 쓴 글을 남기겠다는 것은 권력욕입니다. 단련과 순간적인 애드리브에 몰두하면 그런 생각을 할 여유 같은 것은 없겠지요.

호사카/ 그런 식으로 남긴다든가 남기지 않는다는 이야기와는 별도로, 유명한 멜로디가 애드리브처럼 들린다는 것은 아주 중요합니다. 내가 지녀온 사고방식은 이렇습니다. 파블로 카잘스Pablo Casals의 첼로소리나 지미 헨드릭스Jimi Hendrix의 기타소리가 훌륭한 까닭은 그들이 선행 연주자들의 시행착오를 모조리 자기들의 소리 안에서 울려내고 있기 때문이라고 생각합니다. 그런 것은 확인할 수 없지 않느냐는 사람도 있을지 모르겠는데, 그래도 그렇게 말할 수 있습니다. 이름 없는 사람들의 시행착오 같은 것이 몽땅 녹아든 역사가 있기 때문에 파블로 카잘스가 태어나고 지미 헨드릭스가 태어납니다. 그런 느낌을 더욱 폭넓게 열어놓아야 합니다. 소설가라면 아무도 쓰지 못하는 이야기를 쓰고 싶어한다는 사고방식은 안 됩니다.

글자를 읽으면 언제나 글자를 좇아가는 것만으로도 힘에 부치는 사람, 기껏해야 일본어의 뜻을 헤아리는 데 머무는 사람들이 『악인』 같은 소설을 좋은 작품이라고 말합니다. 출판은 더

형편없습니다. 대중에게 흘려 내보내니까요. 애당초 대중이 좋다고 인정한 것 중에 훌륭한 작품이 있었나요? 그런데도 대중성을 얻으면 괜히 뛰어나다고 오해하지요. 이런 책을 읽는 독자가 별로 없다는 말은 퍽 부정적인 비판으로 들리고요. 하지만 그렇게 말하는 사람들이야말로 일반 대중과 시민을 바보로 취급하는 것입니다.

독자를 얕보지 말라

사사키/ 그렇습니다. 아까 그런 말을 하려고 했어요. 이렇게 난해한 책, 읽기 어려운 책은 팔리지 않는다고 다들 태연하게 말합니다. 하지만 그건 독자를 얕보는 말입니다. 독자의 능력을 낮게 보고, 이 정도여야 이해하겠지, 또는 이 정도 연습하면 통하겠지 하고 얕보는 것입니다. 우리처럼 이야기하면 예술지상주의라든가 문학지상주의라든가 엘리트주의라는 딱지를 붙이고, 마치 보수반동이니 하위문화를 무시한다느니 하는 사람이 있습니다. 그건 거짓말입니다. 독자를 깔보고 무시하는 사람은 우리가 아니라 그렇게 말하는 사람들입니다.

호사카/ 내 경험으로 볼 때, 특히 65세가 넘는 출판인은 자기가 독자 위에 있다고 생각해요. 이렇게 글을 쓰면 독자가 이해하지 못한다고 말하는 본인이야말로 글자를 좇아가는 데 급급해 아무것도 모릅니다.

사사키/ 뭘요, 어느 세대든 그런 태도를 가진 사람이 있어요. 정작 이해하지 못하는 사람은 자기라는 것을 깨닫지 못하지요. 반면 그런 태도에 불신을 느끼는 사람도 모든 세대에 있다고 생각하니까 나는 낙관적일 수 있습니다.

호사카/ 그런데도 자기들이 얕보는 일반 독자가 사느냐 안 사느냐에 따라 일희일비합니다. 말과 행동이 다릅니다. '이 책은 다수에게 지지를 받았어' 하고 뻐기는 주제에 그 다수 독자를 폄하하고 있으니까요. 말과 행동이 달라도 너무 달라요.

사사키/ 지금 호사카 씨가 한 말을 거대출판사 임원에게 해준 적이 있어요. (웃음) 왜 책이 안 팔리느냐 하면 그건 독자를 얕보기 때문이라고요. 얕보고 있기 때문에 이 정도여야 이해한다고 보고 재미없는 책을 왕창 냅니다. 따라서 한 권당 매출이 적어지는 것은 당연합니다. 1980년대에는 3만 종에 달하던 출판 종수가 지금은 대략 8만 종이 넘습니다. 세 배나 많습니다. 독자 수는 거의 변함이 없는데 잡지 독자가 줄어서 조금은 감소한 정도입니다. 독자의 이탈은 일어나지 않았어요. 단적으로 출판 종수가 약 세 배 늘었으니까 매출은 3분의 1이 되었을 뿐입니다. 그런데도 팔릴지 안 팔릴지 모르니 자신의 눈이나 감성이나 느낌을 더는 믿지 않고, 자기가 만드는 책의 질이 어떤지는 문제삼지 않습니다. 무조건 책만 내고 있어요. 점점 더 자전거 조업[07]

---

07 자전거가 쓰러지지 않게 계속 페달을 밟아야 하듯, 무리를 해서라도 일을 계속하여 자금을 조달해야 망하지 않는 불안정한 경영상태를 말한다.

상태, 조잡한 상품을 마구 만드는 상태가 되어갑니다. 그러니까 팔리지 않지요.

감히 말하건대 이런 상태입니다. 당신은 마음속으로 얕보는 사람을 상대로, 당신이 내심 바보 취급하는 저자의 책을, 그날 그날 간신히 마구 덤핑으로 팔아넘기고 있습니다. 그런 책을 누가 사겠습니까?

호사카/ 그런데 이상한 점은 '책이 안 팔린다', '1988년 수준으로 매출이 떨어졌다'고들 말하는데, 그 정도 팔리면 충분하지 않나요? 1980년대 수준으로 돌아간 것도 아니고…….

사사키/ 그럼요. 충분합니다.

호사카/ 그 당시 출판은 인기를 누렸어요. 경쟁률이 높아 출판사에 들어가기도 힘들었고 월급도 많았죠. 그런 시대였어요. 그 시대 수준으로 돌아갔다는 둥 말하는데, 좀 이상하지 않아요? '우리는 이제 가난해서 포르셰를 살 수 없어' 하는 말로 들려요.

사사키/ 그러니까요……. 내가 지금 고단샤講談社의 높은 분에게 들은 사원 평균연봉을 이야기하면 당장 폭동이 일어날걸요. (웃음)

호사카/ 왜 그런 얘기를 할까요?

사사키/ 불평처럼 들릴 테니까 그만합시다. (웃음) 그래도 뜻이 맞는 편집자에게는 이야기했어요. '얕보고 있지요?' 하는 말까지요. 나는 늘 편집자나 출판인을 격려하려는 뜻으로 이 얘기를 했는데, 뭐……. (웃음) 편집자가 두 명만 모이면 '안 팔려', '안 팔려', '안 팔려' 하고 염불처럼 되뇌어요. 하지만 이 말은 실례가 아닐까요? 아직 출판계는 인기 있는 직업이니까요. 난폭함을 무룹쓰고 말하자면 그들이 저보다 연봉이 높아요. 나처럼 책을 한 권밖에 안 낸 사람에게 '책이 안 팔려서 어쩔 수 없어요. 우리도 괴롭답니다'라고 하다니요. 왜 그런 불평까지 들어주어야 합니까? 그런 말을 해도 된다고 생각하나 봅니다. 그런 편집자가 대다수에요. 지금 여기에는 수험생이나 청중으로 와 있는 사람도 있을 텐데……. (웃음)

왜 자기보다 약한 처지에 있는 사람에게 불평을 털어놓을까요? 간단해요. 얕보기 때문입니다. 고객을 얕본다는 것, 담당하는 저자도 얕본다는 것, 이 말인즉슨 자기 직업도 헐하게 보고 있다는 말이잖아요. 자기 자신의 인생조차 헐값으로 본다는 말이 아닌가요? 그렇게 인생을 살고 있으니까 불평을 늘어놓는 것이겠지요. 나는 이렇게도 말합니다. "당신은 나를 착취하고 있지요? 괴롭다, 안 팔린다고 하면서 나보다 높은 연봉을 받는다는 것은 착취 아닌가요? 난 당신보다 집안도 나쁘고 교육도 덜 받았어요." (웃음) 자기가 온힘을 다해 세상에 내놓아야 할 책을 낸다는 근본적인 점까지 잊고 있어요. 따라서 편집자뿐 아니라 출판에 종사하는 사람들은 이 사실을 외면하는 것부터 그만두어야 합니다. 아니, 그만둘 수밖에 없겠지요. 왜냐하면 이런 상황에서는 아무도 행복하지 않으니까요. 아무도 즐겁지 않으니까요. 저자도, 편집자도, 독자도 다들 이상하다는 생각이 들지 않습니까? 우리 저자와 독자는 다 함께 제로부터 다시 생각할 수밖에 없어요.

호사카/ 증쇄하면 인세가 늘어나야지요. 여러분 중에 출판사가 아니라 저자가 되려는 사람들에게 말씀드리는데, 주판알을 튕기고 계산기를 두드리며 돈 계산을 잘해야 합니다. 만화가 사이바라 리에코西原理惠子는 20년 전쯤부터 아사히신문사에서 책을 낼 때 편집자가 별로 팔리지 않겠다고 생각한다는 허점을 틈타 증쇄할 때마다 인세를 점차 올려 받도록 계약을 맺었다고 하더군요. 전해 들은 이야기라 정확하지는 않지만⋯⋯.

사사키/ 앗, 그 누님, 우와! 장난 아닌 내용을 쓰시면서 처신도 장난 아니네요. (웃음)

호사카/ 팔리기 위한 글을 쓰지는 않지만 책은 팔고 싶다는 말이지요.

사사키/ '팔기 위해서 쓰지는 않아도 쓴 것은 팔고 싶다⋯⋯.' 명언이네요. (웃음)

호사카/ '나는 글을 쓰기 위해 이렇게 머리를 쓰고 있어. 그러니까 파는 사람도 머리를 좀 써주면 좋겠어.' 솔직히 이렇게 말하고 싶어요. (웃음) 그런데 이런 말이 과연 소설가의 말, 사상가의 말이라고 할 수 있어요?

사사키/ 아, 됐어요. 아까 이야기로 돌아갑시다. (웃음)

'유려한 문장'

호사카/ 글을 쓸 때 적어도 앞에서 말한 빗겨남까지 독자가 전부 이해하는 수준이라면 괜찮겠어요. 그런 수준의 독자층을 상정하면 되잖아요. 수준이라는 말이 왠지 건방지게 들리는데, 음악을 예로 들자면 듣자마자 장조인지 단조인지 아는 수준 같은 것을 말합니다. '이런 것이 통상적인 글이야' 하고 생각하는 사람이 더 수준이 높은지는 모르겠는데, 어쨌든 계속 빗겨나가는 형태의 글은 '이 문장은 이상해' 하고 거부해버리는 사람도 있습니다. 하지만 문장이나 단락, 페이지가 불온해져서 재미있는 글이 지금 내가 떠올리는 이미지입니다. 자잘한 것, 불만스러운 것을 이야기하는 사람은 필요 없어요. 어딘가 빗겨나간 문장은 읽고 싶지 않고 오직 유려한 문장만 읽고 싶다는 독자는 필요 없습니다.

사사키/ 하지만 그런 사람이 말하는 '유려한 문장'은 전혀 유려하지 않잖아요.

호사카/ 그럼요. 유려하지 않아요.

사사키/ 왠지 자화자찬인 것 같아 송구스러운데 이런 일이 있었어요. 어떤 사람—이 사람도 편집자인데—이 내가 존경하는 후루이 요시키치 씨와 오에 겐자부로大江健三郎 씨와 호사카 씨와 내 글을 엮어 "기묘한 맛이 나는 문장"이라고 말했어요. (웃음) '기묘한 맛이라니 도대체 무슨 소리냐?' 하고 생각하면서 선선히 "아이고, 고맙습니다!"라는 인사로 예의를 차려두었지요. 이세 사람과 나를 비교해준 것 자체가 영광이니까요. (웃음)

호사카/ 아이고, 나야말로 황송합니다. (웃음)

사사키/ 이분들 문장이 일반적인 의미로는 '유려하지' 않잖아요. 차례로 빗겨나가질 않나, 원근법을 뒤흔들질 않나, 단련된 애드리브가 이어지질 않나……. 흠, 역시 황송할 따름입니다. 이 세 분에 비하면 나 같은 것이야 햇병아리니까요. 내 문장은 일단 젖혀놓더라도, 후루이 씨와 오에 씨와 호사카 씨를 통틀어 '기묘한 맛'이라고 뭉뚱그려서는 좀 곤란합니다. 이 자리에도 작가 몇 분의 얼굴이 보이는데요. 이분들도 비슷한 말을 들은 적이 있지 않을까요? 기묘한 맛이라는 말은 어설프지 않나요? (웃음) 미리 전제하지만 내 문장은 제외해주세요. 예컨대 폴 세잔의 그림을 보거나 소니 롤린스Sonny Rollins의 테너색소폰 연주를 듣고 나서 '기묘한 맛이군' 하는 말은 통하지 않잖아요. 거꾸로 말하면 아까 언급한 대로 문자나 문학이 특별히 젊은 예술이고, 아직 우리가 문자를 힘에 겨워하고 문자에 익숙하지 않다는 말일지도 몰라요. 회화나 음악은 훨씬 유서가 깊으니까 수만 년의 역사가 쌓여 조금은 감식안이 생겼을지도 모릅니다.

　이미 알고 있겠지만 방금 이름이 나온 소니 롤린스를 예로 들어볼까요. 그는 연주에 애드리브를 넣을 때 가끔 부, 부부, 부부, 부부부 하고 같은 음을 반복하는 버릇이 있었습니다. '다음 순간'으로 나아가기를 주저하는 것이지요. 물론 다음 순간 멋진 즉흥연주가 공중을 날아다니지만……. 최초의 머뭇거림, 같은 음의 연속을 '모스부호'[08]라면서 깔보는 비평가가 있었습니다. 미국에도 그런 사람이 있었어요. 애드리브를 넣을 때 부부,

08 Morse부호: 모스가 발명한 전신부호. 발신전류로 선과 점을 조합해 영어 알파벳을 표현한다.

부부부 하고는 순간 침묵한다고 말입니다. '어이쿠, 잠자코 있네, 얼어붙었군그래.' 하지만 당연하게도 그 대목이 무시무시한 한 방입니다. 단련에 단련을 거듭한 나머지 다음에 무슨 리듬이 이어질까, 어떻게 연주하면 좋을까 하는 긴박감과 정면으로 부딪치고 있는 것입니다. 그것을 마치 꼬투리라도 잡듯 모스부호라는 둥, 연주가 매끄럽지 않다는 둥 떠벌렸습니다. 아무리 참으려고 해도 화가 납니다. 시골 중학생이나 할 말을 떠들어대면 곤란합니다. 앗, 시골 중학생에게 실례가 되겠네요. 나 역시 시골 중학생이었으니까요. (웃음) 그런 수준 낮은 인간을 뭐라고 하면 좋을지…….

호사카/ 뭐긴 뭐겠습니까? '평론가'겠지요.

사사키/ 맞아요. (웃음) 음악은 몇만 년의 역사가 있으니까 괜찮지만, 문학은 음악에 비해 쌓아 올린 것이 없기 때문에 평론가가 하는 말도 수준이 낮을 염려가 있습니다.

호사카/ 그래서 내가 평론가를 깔보는 이유가 뭔지 알아요? 그건 소리나 색깔을 볼 때조차 그들은 언어를 우위에 올려놓기 때문입니다. 언어는 퍽 빈약한 것이잖아요. 어떻게 보면 소설은 '맨 언어를 넘어서려는 것'일 따름이지요.

사사키/ 그렇습니다. 어째서 비평가가 어리석은지 아십니까? 호사카 씨의 말을 빌리면 '맨 언어'를 넘어서지 못하기 때문입니다. 언어는 '맨 언어'를 넘어서는 것을 품고 있다는 생각조차 하지 못해요. 실로 '전체적으로 컨트롤'하기 위한 '도구'로만 언어를 사용하지요. 전체적으로 상황을 컨트롤하고 싶다는 것은 단순한 권력욕에 지나지 않습니다.

여기서 호사카 씨와 내가 한 이야기는 언어가 죽어서 경직된 것이 아니라 폴 세잔의 붓놀림이나 커다란 긴장감을 품은 마일스 데이비스의 솔로연주 같은 운동성을 갖고 있다는 것입니다. 언어는 죽음의 세계에 있는, 누구나 쓸 수 있는 도구가 아닙니다. 언어는 죽어 있고, 언어화되지 못한 체험은 그 바깥에 있는 것이 아닙니다. 살짝 단순화시켜 이야기하면 언어는 삶의 세계에 있습니다. 그 자체가 생생한 운동성이자 사건이며 체험입니다. 그런데도 산 언어를 죽은 언어로 변환시켜 그것에 딱지를 붙이고, '언어의 삶' 자체를 회수해버리는 것이 비평가의 역할이어서는 곤란하지 않을까요?

돈키호테의 탈선

호사카/ 아까 시바 료타로 이야기가 나왔을 때 떠오른 생각이 있습니다. 고지마 노부오 씨가 사망하기 4~5년 전 연말에 있었던 일인데, 시바 료타로가 낸 『구카이[09]의 풍경空海の風景』을 평론가 요시모토 다카아키吉本隆明가 깎아내렸다고 합니다. 얼마나 재미없기에 그랬는지 알고 싶어 고지마 씨는 『구카이의 풍경』을 읽

---

09 空海: 774~835, 헤이안平安 시대 초기의 일본 승려. 당나라로 건너가 밀교와 관련된 지식과 문화를 흡수했고, 진언종眞言宗을 창시했다.

어보았다지요. 그런데 그는 진심으로 구카이에 대해 알고 싶은 마음이 커졌고, 그 바람에 추오코론샤中央公論社에서 나온 『일본의 역사日本の歷史』 중 구카이에 해당하는 권을 읽었답니다. 그때쯤이면 이미 눈도 잘 보이지 않았을 텐데, 구카이의 다음 세대가 어떻게 되었는지 궁금해 다음 권, 또 다음 권을 차례로 읽어나갔습니다. 그가 내게 전화를 걸었을 때는 이미 열 권이나 읽은 상태였지요. 그는 바쁜데도 궁금증을 참지 못해 책을 손에서 놓지 못한다고 하더군요. 생각해보세요. 노안이라 잘 보이지도 않는다고요. 눈앞이 어른거려 초점도 맞지 않는데……

사사키/ 또 이야기가 부웅 비약했네요. (웃음) 방금 '입혼入魂의 탈선술'이라는 말이 떠올랐습니다. 18세기 소설 중에 로렌스 스턴Laurence Sterne이 쓴 『트리스트럼 샌디Tristram Shandy』가 있습니다. 나쓰메 소세키夏目漱石가 극찬한 이 소설은 첫째 줄부터 계속 탈선하고 있습니다. 탈선, 탈선, 탈선……. 도대체 주인공 트리스트럼 샌디가 아무리 시간이 지나도 태어나지 않아요. 탈선도 적당히 하라고 한마디 해주고 싶을 즈음에 갑자기 작가가 이렇게 말합니다. "보라, 이 입혼의 탈선술을! 탈선술의 묘기를 보라!" 잠꼬대 같은 정체불명의 말을 내뱉어요. (웃음) 즉 소설이란 언어의 운동성 자체에 몸을 맡겨버리는 것입니다. 시대가 18세기니까 소설이 탄생한 시점입니다. 그것은 '난센스'나 '무의미성'과는 좀 다릅니다. 『돈키호테』 역시 무지막지하게 탈선합니다.

호사카/ 『돈키호테』를 읽고 있으면 산초 판사Sancho Panza가 나오는 대목이 재미있습니다. 그런데 시간이 흘러 『돈키호테』와 거리를 두고 생각해보면 그래도 돈키호테가 재미있어요. 최근에는 이 소설이 별로 읽히지 않지만 하나타 기요테루花田淸輝 같은 작가가 산초 판사를 언급하더군요. 돈키호테가 있는 것은 산초 판사가 있기 때문이라든가 뭐라든가……. 그래도 소설가로서 살아가기 위해서는 돈키호테가 아니면 안 된다고, 산초 판사가 되어버리면 안 된다고 생각을 정리했어요. 나중에 다시 『돈키호테』를 읽었더니 역시 산초 판사가 더 재미있는 거예요. 역시 난 아직 멀었구나 하는 생각이 들었습니다.

사사키/ 사실은 아까 이 대담을 시작하기 전에 근처에서 준비모임을 가졌는데, 전혀 딴 방향으로 흘러 결국은 애드리브로 여기까지 왔습니다. (웃음) 그 준비모임에서 갑자기 호사카 씨가 뮤지션 사노 모토하루佐野元春 씨의 프로그램을 봤다고 말했습니다. 거기에 힙합그룹 라임스타Rhymester가 게스트로 나왔는데 그중 우타마루宇多丸는 정말 머리가 좋은 사람이라고 감탄하더군요. 나하고 우타마루 씨가 친한 사이인 것을 전혀 알 리 없는 호사카 씨가 말입니다! (웃음) 그런데 실은 우타마루 씨와 나눈 대담에서 『돈키호테』 얘기를 한도 끝도 없이 했어요. (웃음) 앗, 시간이 얼마 남지 않았네요. 30분밖에 없으니까 그만하지요.

호사카/ 돈키호테는 기사도 소설 세계에 푹 빠져 있는 사람이지만 기사도 소설의 소장 권수는 약 100권 남짓밖에 안 됩니다.

사사키/ 19세기에도 스페인의 식자율은 30퍼센트 정도였지요. 『돈키호테』가 17세기 초에 나온 작품이니까 어떤 의미에서 돈키호테는 특별한 교양인입니다. 그런데 교양인 돈키호테는 글을 읽을 수 있기 때문에 기사도 소설을 지나치게 읽었고, 그래서 '정신이 이상해집니다.' 정신이 이상해졌다고 똑똑히 적어놓았습니다. 기사도 소설을 너무 많이 읽어서 '난 기사다! 사랑하는 둘시네아Dulcinea 아가씨는 어딘가 있다!'고 말하고 고향을 떠납니다. 더구나 기사의 차림을 하고……. 이것은 코스튬 플레이, '나리키리'[10]겠지요. (웃음) 현실과 허구를 구별하지 못하고 그런 행동을 한다는 점에서 『돈키호테』는 매우 현대적인 이야기입니다.

호사카/ 저, 불쑥 이런 이야기를 꺼낸 주제에 어렴풋한 기억으로 말하는 것이 죄송스럽지만, 둘시네아 아가씨가 있다고 믿을 수 있는 돈키호테는 정말 대단한 사람이라고 생각합니다. 계속 배신당하면서도 말이지요. 조금 동떨어진 곳에서도 자신의 믿음을 의심하지 않는다는 점에서 돈키호테는 참으로 위대합니다. 하지만 글을 읽을 때는, 글자를 좇아가는 동안에는 산초 판사가 재미있어요.

사사키/ 특히 흥미로운 점은 돈키호테가 분명히 가짜라는 것입니다. 가짜 기사지요. 당시에 기사도 따위는 무너진 지 오래됐어요. 기사도가 존재한다고 말할 수 있는 기간은 길게 잡아도 12세기에서 16세기 정도겠지요. 그는 시대에 뒤떨어진 가짜 기사일 뿐

---

10 なりきり: 인터넷 게시판이나 채팅, 메일 등을 이용해 만화, 애니메이션, 게임 등의 캐릭터나 실재하는 유명인사, 동물 등으로 역할을 나눠 댓글이나 대화를 즐기는 것을 말한다.

아니라 그가 사랑하는 둘시네아 아가씨도 망상이 지어낸 인물입니다. 뇌 속의 여자 친구입니다. (웃음) 당대 사람이 보더라도 '속이 메슥거리는' 이야기란 말입니다. 하지만 읽어나가다 보면 돈키호테 주위 사람들은 그를 단순히 조롱할 뿐 아니라 더욱 악의적인 의미로(포스트모던하게) 돈키호테의 기괴한 행동에 '장난삼아' '일부러' 장단을 맞추어준다는 것입니다. "돈키호테 나으리, 지당한 말씀이십니다!" 하고 말이지요. 문득 정신을 차리면 돈키호테는 이미 사라져버린 가짜 정의를 내세우는 가짜 기사, 가짜 사랑에 애를 태우는 가짜 기사입니다. 실로 '골계적인' 인물이지요. 그럼에도 그는 정의의 편입니다. 여성을 배려하고 약자를 돕고 강자를 물리칩니다. 웅변가에다 우아함과 예의까지 갖춘 신중한 사람이지만 대개는 상대방에게 얻어터집니다. 기세등등하게 쳐들어갔다가 보기 좋게 당하지요. 그래도 구하려는 사람을 제대로 구합니다. 가짜 정의의 편이지만 그래 봬도 정의의 편입니다. 이 모습을 비웃으며 비뚤게 바라보는 '현실의' 인간이 오히려 추하게 보이는 순간이 있습니다. 기사도 이야기의 패러디를 파고들다 보면 가짜지만 '정의'가 나온다는 점이 정말 재미있습니다.

호사카/ 그 가운데 어떤 도적놈이 "네가 머리에 쓴 것은 세면기냐?" 하고 묻지요. 이 말에 돈키호테는 추호도 동요하지 않습니다. 꿈쩍하지 않는 그 힘과 모양새가 훌륭합니다.

사사키/ 꿈쩍하지 않지요. 정의의 편이니까요.

호사카/ 대단해요.

사사키/ 더구나 도중에 "넌 제정신이 아니구나. 정신이 나갔어!" 하고 지탄을 받아요. 대놓고 말이죠! 그런데도 꿈쩍하지 않습니다. 당당한 웅변으로 논파해버립니다. 돈키호테는 가짜에다 시대에 뒤떨어졌고, 반동적인 주제에 혼자만 고고하고, 정신이 나갔고, 몽상가에다 착각에 빠져 있고, 추접스럽고, 지나치게 진지해서 도리어 웃기고, 반어反語 따위는 없이 고지식하고, 이상을 불태우며 실패에 실패를 거듭할 뿐입니다. 그래서 주변 사람들에게 현실을 모르는 창피한 놈이라고 손가락질을 당합니다. 그래도 떼를 지어 돈키호테에게 냉소를 퍼붓는 사람들보다 '우울한 낯빛의 기사'가 훨씬 위대합니다. 왜냐하면 말과 행동이 '올바르기' 때문이지요.

호사카/ 내가 작품 또는 소설을 쓸 때도 공부와 연습으로 산초 판사는 묘사할 수 있을지 모르겠지만, 돈키호테라면 별도의 다른 힘을 갖추어야 탄생시킬 수 있다고 생각합니다. 그것이 내 소설관입니다.

사사키/ 그렇습니다. 이 작품은 뭔가 특별함을 갖고 있는 소설이지요. 세르반테스Cervantes가 『돈키호테 정편正編』을 창작한 때가 쉰여덟인데…… 아 참, 호사카 씨, 연세가 어떻게 되죠?

호사카/ 올해 쉰넷입니다.

사사키/ 아직 여유가 있네요. (웃음) 헨리 밀러Henry Miller가 마흔세 살에 처음으로 『북회귀선』을 출판했는데 발매금지 처분을 받았어요. 몇 번이나 작품을 쓰고 또 써도 수입이 한 푼도 들어오지 않았지요. 그가 첫 인세를 받은 나이가 예순셋이라고 합니다.

고지마 노부오 씨도 아흔 살까지 글을 썼지요.

호사카/ 헨리 밀러의 『남회귀선』이었다고 기억하는데, 헨리 밀러는 뉴욕의 레스토랑에서 시집을 팔았습니다. 그곳에는 유대인 부자 악동들이 진을 치고 있었지요. 그중 한 학생이 예술에 경의를 표하고 헨리 밀러에게 돈을 지불했다고 하는데, 그의 이름이 스필버그였대요. 재미있지요?

사사키/ 상큼한 마무리에 맞추어 대담을 마쳐야겠군요. (웃음) 오늘 대담은 퍽 즐거웠어요. 감사합니다.

2010년 8월 30일, 아사히문화센터 신주쿠 교실에서

소설의 언어, 사상의 언어

일본어 랩이라는 불량음악

(이소베 료磯部涼와 나눈 대담)

일본어 랩은 무르익었다

이소베/ 『야전과 영원』을 쓸 때 레코드를 전부 팔아치웠다고 했지요?

사사키/ 네, 그래요. 몇 년 전이더라? 요령이 좋은 편이 아니라서 책을 쓰는 일에 집중하려고 음악 기재를 전부 팔았지요. 음악과 소원해졌다고 하면 소원해진 상태입니다. 하지만 오늘 대담을 앞두고 이소베 씨에게 이것저것 빌리고 많이 배우기도 했지요. 그중에서도 피차별 부락[01] 출신의 래퍼 오니鬼가 좋았습니다.

이소베/ 앨범 첫 곡 〈오나하마小名浜〉[후쿠시마 현 이와키 시의 남부 지역]는 자전적인 내용인데 갑자기 '부락에서 자라나~'라는 라인으로 시작합니다. 중학교를 졸업하고 곧장 폭력단의 구성원이 되었다가 이 앨범을 발표했을 때는 형무소 안에 있었다고 합니다.

사사키/ 내 참, 처음부터 그렇게 나오니까요. 참 대단하지 않아요?

---

01 중세부터 근대 초기에 걸쳐 신분적으로나 사회적으로 차별받는 사람들이 거주하는 한정된 지역을 말한다. 이 지역 출신은 아직도 혼인이나 취직에 차별을 받고 있다.

우리도 크게 기뻐했고, 나카가미 겐지[02]도 살아 있었다면 퍽 기뻐하지 않았을까 싶어요. 이런 생각이 반드시 제멋대로 펼치는 망상은 아니겠지요.

이소베/ 일본에서도 드디어 이런 래퍼가 나왔구나 싶더군요.

사사키/ 보란 듯이 우쭐거리는 느낌이 없어요. 신기할 만큼 자제하고 있어서 무척 담담하지요. 그게 오히려 굉장한 아우라를 냅니다.

이소베/ 시적이에요. 일본 팝 뮤직의 역사를 돌이켜보더라도 이토록 명확하게 피차별 부락 출신이라는 사실을 랩으로 노래한 사람은 거의 없지 않나요?

사사키/ 나카가미 겐지조차도 처음에는 당시에 다수 존재했던 오에 겐자부로의 추종자 중 한 사람에 지나지 않았고, 오랫동안 피차별 부락 출신에 관해서는 글을 쓰지 못했습니다. 역설적이지만 그의 경우 어떤 의미에서 '사소설'[03] 풍으로 소설을 쓰기 시작하면서 소설가로서 수준이 급상승했습니다. 문체를 비롯해 모든 것이 참신했어요. '그가 살아 있었다면' 하고 말한 것은 그런 뜻입니다.

이소베/ 흥미롭군요.

---

02 中上健次: 1946~1992, 일본의 소설가. 피차별 부락 출신으로 부락을 '골목'이라고 표현했다. 하네다 공항 등에서 육체노동에 종사한 다음 집필에 전념했다. 공동체를 중심으로 독특하고 토착적인 세계관을 쌓아 올렸다. 대표작으로 『곶岬』, 『고목탄枯木灘』, 『봉선화鳳仙花』, 『천 년의 유락千年の愉樂』 등이 있다.

03 자신의 경험을 허구화하지 않고 그대로의 모습으로 써나가는 일본 특유의 소설 형식.

사사키/ 그럼요, 흥미롭고말고요. 변치 않은 고백이나 자기 이야기로 끝나는 것이 아니라 실로 정치적이고 비판적인 감각을 사소설 창작과 더불어 갖추어나간 작가였지요.

이소베/ 자신이 어떤 인간인지를 내면＝자기뿐 아니라 외면＝사회를 통해서 원점으로 되돌아가 검토했습니다.

사사키/ 맞아요. 나카가미 겐지는 피차별 부락을 '골목'이라고 불렀는데, 소설을 비롯해 그의 발언은 줄곧 '골목'과 자신의 연속성을 확인하는 것이었습니다. 그러나 한편으로 그것은 양자의 단절을 확인하는 것이기도 했지요. 그는 '골목의 소멸'을 쓰지 않을 수 없었으니까요. 이 주제는 오늘날 우리의 문제의식과도 밀접하게 관련되어 있습니다. 연속성의 확인이 실은 이탈이나 단절한 유형流刑의 인식일 수밖에 없다는 것 말입니다. 유형, 추방, 유랑은 영어로 '에그자일exile'일 텐데, 그러고 보니 왠지 요즘 인기가 하늘을 치솟는 것 같군요. (웃음)

이소베/ 하하, 그러고 보니 에그자일04은 참 좋은 이름이네요. (웃음)

사사키/ 그렇죠? 무지무지 좋은 이름! (웃음)

이소베/ 에그자일의 히로HIRO라고 하면 주05이고, 주라고 하면 크레이지에이06라는 식이죠. 이름이 나왔으니 굳이, 억지로, 일본어 랩 전반에 관한 이야기를 하면, (웃음) 지금까지 이 장르에 관

---

04 EXILE: 1991년 댄서이자 프로듀서인 히로가 댄스 그룹 '재패니스 소울 브라더스 Japanese Soul Brothers'를 결성함으로써 출발한 일본의 남자 댄스·보컬 그룹.
05 ZOO: 1990년대 활동한 일본의 댄스·보컬 그룹. 1989년에 결성해 1995년에 해산했다.

한 비평은 대개 둘로 나뉘어요. 즉 외부에서 불평을 하거나 우타마루처럼 내부에서 옹호하는 방향입니다. 다만 후자의 입장은 시대변화에 따라 바뀌는데요. 처음에는 이토 세이코[07] 씨나 지카다 하루오[08] 씨가 내부를 담당하다가 점점 외부로 옮겨가고, 새로이 우타마루 씨가 위에서 내려다보는 고압적 시선이 아니냐고 그들에게 반론을 던지고 있는 형국입니다. 옛날에 우타마루 씨가 크레이지에이 씨나 DJ 클래시The Clash 씨와 만든 『일본 힙합의 역사JAPANESE HIP-HOP HISTORY』라는 책이 있는데, 여기에서도 우타마루 씨는 이토 세이코 씨나 지카다 하루오 씨가 하는 얘기만 정사正史는 아니라는 관점에서 발언하고 있습니다. 이후 또 시대가 바뀌어 우타마루 씨도 더는 발언하지 않고 있습니다.

사사키 / 우타마루 씨는 믿을 수 없을 만큼 총명하기 때문에 '파할 무렵'을 이야기하고 있지요. 자신이 언제까지 내부에 있고 또 외부에 있을지, 지금 무엇을 이야기해야 하고 또 이야기해서는 안 되는지에 대해 참으로 각성한 인식을 갖고 있습니다.

이소베 / 자신이 외부에 있다는 것을 암묵적으로 인정한다는 점에

---

06 CRAZY-A: 1962~. 일본의 힙합 뮤지션이자 댄서, 방송진행자, 프로듀서. 최초의 비보이라고 불리며, 일본 최대의 힙합 이벤트인 '비보이 파크B BOY PARK'를 창시했다. 주의 멤버인 나오야NAOYA의 친형이다.
07 いとうせいこう: 1961~. 일본의 배우, 소설가, 개그맨, 작사가, 래퍼 등으로 폭넓게 활동하는 연예인.
08 近田春夫: 1951~. 일본의 뮤지션, 작곡가, 음악 프로듀서, 음악평론가, 탤런트.

서 우타마루 씨가 이토 세이코 씨보다 성실하다고 봅니다. 어떤 사람은 이토 세이코 씨가 오로지 내부를 확대 해석해 외부로 넓혀가는 점이 재미있다고 하지만, 이제는 그 세계의 내부 자체가 분단되어 있기 때문에 그 안에 있어야 이야기할 수 있는 시대는 끝나지 않았나 싶습니다.

사사키/ 이토 세이코 씨는 '안쪽에서 파열시키는' 힘이 대단한 반면, 우타마루 씨는 그것과 다른 의미로 총명해 보입니다. 여하튼 당사자만 이야기할 수 있는 것도 있겠지만, 당사자이기 때문에 이야기할 수 없는 것도 있겠지요.

이소베/ 더구나 문화로서 일본어 랩은 꽤 성숙했습니다. 아니, 성숙했다는 표현보다는 오니 같은 허슬러 랩hustler rap[마약을 취급하는 사람의 랩]이 상징하듯, 내부에 있으면서 그 일에 관여하지 않으면 이야기할 수 없는 부분이 크지 않은가 합니다. 한편, 그렇기 때문에 좀 다른 시점으로 일본어 랩을 논할 수 있는 좋은 시절이라고 봅니다. 사사키 씨를 대담 상대로 고른 까닭은 그 세계 안에…….

사사키/ 있을 것 같아서……. 그런데 거기에 없었다? (웃음)

이소베/ 그래요. 랩을 듣는 사람으로서 역사도 알고 그들의 표현에 감정이입하는 부분도 있을 것 같아서요. 이번 대담을 앞두고 CD를 대량으로 빌려주었더니 "이 정도는 벌써 들었는데!" 하기에 실례를 저지른 것 같아 반성하고 있어요. (웃음)

사사키/ 3분의 2 이상은 이미 들어본 음악이었어요. 아하, 내가 그렇게까지 문외한은 아니구나 싶더군요. (웃음)

이소베/ 그래서 레코드를 전부 팔아치운 일이 정말 중요하다는 생각이 들었어요. 그 세계를 떠나 외부로 물러나온 거잖아요. 하지만 일본어 랩을 부정하는 것도 아니고…….

사사키/ 단지 랩을 듣는 한 사람으로서 청중으로 돌아간 것뿐입니다.

이소베/ 그 입장이 아까 내가 말한 것이죠. 그러니까 내부에 있으면 이야기할 수 없는 것도 있고, 외부에 있으니까 이야기할 수 있는 것도 있는 입장 말입니다. 사사키 씨야말로 여기에 꼭 들어맞는 사람이라고 생각해서 모셨지요.

힙합의 정치성

사사키/ 감사합니다. 하나만 확인해두고 싶습니다. 나는 내부자도 아니고 외부자도 아닌 경계에 서 있는 사람입니다. 말하자면 그야말로 음악을 즐겨 듣는 순수한 청중일 따름입니다. 일본어 랩은 독자의 언어를 가진 문화입니다. 현대사상이나 철학의 지식이 있다고 해서 외부에서 다른 언어를 사용해 잘난 척하며 '해설'하는 저급한 짓은 절대로 하고 싶지 않습니다. 그것은 '의리'의 문제입니다. 이런 말을 하면 사사키 아타루는 하위문화에 대해 이야기하지 않는다는 둥, 하위문화를 차별하는 괘씸한 놈이라는 둥 비판합니다. 그러나 실상은 반대입니다. 다른 것과 바꿀 수 없고 존경하기 때문에 이야기에 신중을 기할 뿐입니다.

또 하나, 나는 하위문화라는 말 자체를 좋아하지 않지만, 굳이 그 말을 쓴다면 하위문화란 '대학에서 가르치지 않는 문화'를 가리킵니다. 그런데 실은 흑인문화black culture는 대학에서 가르치고 있어요. 척 디[09]가 대학에 다닐 때 어느 흑인 교수가 우리 흑인은 음악적으로 근원적인 문화를 갖고 있다고 열변을 토했는데, 그 강의실에는 '구제불능 꼴찌들'로 득시글거렸던 겁니다. 태도도 껄렁껄렁한 불량한 애들이 '나중에 PE(퍼블릭 에너미)'였던 셈이지요. (웃음) '과대광고를 믿지 마Don't believe the hype'라고 맨 처음에 말한 것은 그 교수입니다. '설마 내 얘기를 그렇게 진지하게 들을 줄 몰랐다'고 그 교수가 이야기하는 것을 읽고 나는 '대학 강의가 결코 헛짓은 아니구나!' 하고 생각했습니다. 듣지 않는 것 같은데 누군가는 듣고 있을 뿐 아니라 성심껏 이야기하면 누군가에게는 내 얘기가 전해진다고 말입니다. 그래서 굳이 하위문화를 구별해서 이야기하지 않으려고 의식적으로 피해왔습니다.

이소베/ 그 장면은 제프 챙[10]의 저서 『힙합 제너레이션―'스타일'로 세계를 변화시킨 젊은이들 이야기Can't Stop Won't Stop: A History of the Hip-Hop Generation』[11]에도 나왔습니다. 그 교수 이름은 안드레이 스

---

09 Chuck D: 1960~. 본명은 칼튼 리드나워Carlton Ridenhour로 뉴욕 출생의 미국 가수이자 영화배우다. 힙합 그룹 퍼블릭 에너미의 멤버로 활동하고 있다.
10 Jeff Chang: 하와이 출생의 힙합 저널리스트 겸 역사학자.
11 이 일본어 제목으로는 리토뮤직リットーミュージック 출판사에서 2017년에 나왔고, 영어본은 에버리Ebury 출판사에서 2007년에 출간되었다.

트로버트로 재즈 뮤지션이자 아프리카 문화 연구자이기도 했습니다. PE가 그에게 배웠다는 사실은 문화의 연속성과 단절성을 생각할 때 매우 중요합니다. 하지만 그들은 이단의 존재였다고 생각합니다. 물론 PE가 힙합과 정치운동을 직접적으로 결부시킨 공적은 높이 평가하지만, 힙합＝정치운동을 등치시키면 놓치는 것이 있지 않을까요? 그보다는 고단한 상황에 놓인 불량소년들이 예술의 쾌락으로 괴로움을 잠시 잊기 위해, 다시 말해 정치로부터 도피하기 위해 창작한 것이 뜻하지 않게 정치적인 메시지를 담아냈다고 봐야 하지 않을까요?

사사키/ '정치로부터 도피한다는 것 자체의 정치성'을 체현했다고 하겠지요. 한 바퀴 빙 돌려 뒤틀어놓은 것입니다. 이소베 씨는 예전부터 힙합이란 정치성을 드러낸다고 역설했지요. 날카로운 지적입니다. '불량소년의 고단한 상황'이란 제프 챙이 정확하게 묘사하듯, 진실로 인공적으로, 즉 '정치적으로' 창조해낸 것이니까요. 그곳에서 생존해나가는 것 자체가 완벽하게 정치적인 동시에 그곳에서 도피하는 것, 즉 '상황이 강요하는 도피' 또한 정치적일 수밖에 없습니다. 다만 척 디 같은 방식은 필요하다고 보고, 현재는 그런 방식이 부족하기 때문에 보급해야 한다고 생각합니다. 정치적인 랩이 없어지고 다들 '컨셔스 랩'[12]이 되어버렸으니까요. 현재 미국의 힙합은 정치적으로 '멋진' 말은

---

12 conscious rap: 사회문제를 주로 다루는 랩을 일컫는다.

하려고 하지만 미국 정부나 정책 자체는 절대 부정하지 않습니다. 그렇다면 일본어 랩이 대신 해버릴까 하는 소박한 마음도 있지요. 우리는 애초부터 뒤틀린 입장에 놓여 있으니까요. 물론 이런 태도가 내셔널리즘과 결합하기 쉽다는 우려는 명심해두어야겠지요.

일본어 랩은 세 시기로 나뉜다

이소베/ 나는 불량문화에 낭만주의를 지나치게 도입했다고 비판받고 있습니다. 허슬러 랩이 어째서 재미있느냐? 마약에 집착하고 있으면 정치에서 도피할 수밖에 없습니다. 법률을 위반하는 짓이니까요. 다만 그 행동으로 체현되는 정치성이 흥미롭습니다. 거칠게 말하면 그것이야말로 학교에서는 가르칠 수 없는 거리의 노하우street knowhow가 아닐까요?

다시 본 주제로 돌아가면, 나는 일본어 랩의 역사가 대개 제1기 1980년대, 제2기 1990년대, 제3기 2000년대로 나뉜다고 봅니다. 좀더 상세하게 나누면 한이 없겠지만, 이런 간격으로 변해왔다는 것은 분명해요.

사사키/ 늘어놓고 보면 완전한 단절이 있습니다.

이소베/ 그렇습니다. 이 대담을 위해 이메일을 주고받았을 때 사사키 씨가 말했듯, 지나치게 10년이라는 주기週期에 얽매이는 것도 좋지 않겠지요. 나는 더 짧은 간격을 생각하는데, 이를테면

제1기는 영화 〈플래시댄스Flashdance〉와 〈와일드 스타일Wild Style〉
을 일본에서 상영한 1983년에서 시작해 힙합 그룹 스차다래퍼
スチャダラパー, Schadaraparr가 데뷔 앨범을 낸 1989년까지로 봅니다.

사사키/ 어떻게 10년 주기로 매끈하게 나누어지겠어요?

이소베/ 그렇죠. 제2기인 1990년대에도 1989년부터 1994년까지
는 스차다래퍼나 이스트엔드EASTEND를 제외하고는 이른바 얼
어붙은 겨울이었습니다. 음반사도 파일레코드FILE RECORDS inc.
정도밖에 일본어 랩에 관심을 보이지 않았고 서로서로 사이가
나빴다고 이시디앤가쿠ECD & GAKU가 『도쿄 힙합 가이드東京ヒッ
プホップガイド』라는 책에서 이야기합니다. 그 후 하드코어의 아티스
트가 맹활약하기 시작하면서 1997년 산핑캠프[13]로 한 획을 그
었지요. 일본어 랩이 가장 순수한 언어그라운드 느낌을 지녔던
시기라고 생각합니다. 당시에는 사람이 별로 없었다는 점도 있
습니다만.

사사키/ 촌놈들뿐이었지요. 구제불능인 놈들……. 요즘 말로 하
면 완전히 '찌질이 문화'였어요. (웃음)

이소베/ 마초이즘으로 똘똘 뭉친 시기였다고 생각해요.

사사키/ 마초이기도 했지만 뭔가 더 꼴불견이었어요. 한참 모자라
는 놈들이 헐렁한 바지를 입고 모여 있는 꼴이랄까……. 정겹기
도 하고 추레하기도 하고……. (웃음) 물론 우리도 그중 한 놈이

---

13 Thumping Camp: 1996년 7월 7일 히비야 야외음악당에서 개최한 힙합 이벤트.

었어요. (웃음)

이소베/ 힙합 그룹 가미나리 가족電家族이나 킹 기도라[14]는 팀족[15] 같은 이른바 경박한 싸구려 불량문화에서 나왔을 텐데, 거기에서 찌질한 쪽으로 간 것이 재미있습니다. (웃음) 당초부터 불량한 놈들이 일부러 음악, 그것도 팔리지 않는 음악을 했다는 점이 중요해요. 일본에는 양키[16]음악의 역사가 있습니다. 신명을 내는 정신이랄까?

사사키/ 야자와 에이키치[17]가 그렇지요. 인기 많고, 돈 많고, 캐딜락 승용차를 모는 세계…….

이소베/ 맞습니다. 힙합도 그런 세계를 지향하지만 일본에서 힙합으로 돈을 벌 리 없지요.

사사키/ 돈벌이와는 멀지요. 여기는 미국이 아니거든요. (웃음)

이소베/ 그래요. 그 점이 무지무지 중요해요. 물론 착각일지는 모르지만……. 그래서 무시한다는 뜻이 아닙니다.

사사키/ 아, 이런 식으로 말하면 무시한다고 생각하는군요. 그게 아닌데……. 몇 번이나 얘기하지만 우리도 그 속에 끼여 어슬렁댔다니까요. (웃음) 그곳에 있던 선배나 동료 멤버는 하나같이

---

14 King Ghidorah: 특수촬영 기법으로 완성한 괴수영화 〈고질라〉 시리즈에 등장하는 가공의 괴수.
15 '팀'이라고 불리는 그룹을 짜서 시부야 등 번화가에 몰려드는 젊은이 족속들을 가리키는 유행어.
16 Yankee, ヤンキー: 일본에서 불량청소년을 가리키는 속어.
17 矢沢永吉: 1949~, 일본의 전설적인 록 뮤지션.

똑똑하고 머리가 좋아서 자기가 무슨 일을 하는지 자각하는 사람들이었습니다. 그런 뜻에서는 착각하지 않았어요.

이소베/ 일본어로 랩을 한다는 것은 이끌어줄 선배도 없고 노고가 많이 드는 길을 일부러 선택한다는 것입니다. 정말 대단한 일이에요.

사사키/ 어떻게 생각해도 불리한 일인데, 그럼에도 그쪽에 자신을 걸어요. 벼랑에서 뛰어내리는 미친놈이 아닐까요? (웃음) 하지만 그런 놈들이야말로 미래를 활짝 열어젖혔지요.

제3기 언더그라운드 느낌

이소베/ 하드코어 기세를 지지한 것은 파일레코드를 대신한 P바인 P-VINE 레코드와 에이벡스[18] 안의 음반회사인 커팅에지cutting edge였습니다. 에이벡스는 원래 레코드 대여점으로 시작했기 때문에 독립정신이 강합니다. 그곳에서 차례로 메이저 데뷔를 정해나가는 가운데 등장한 것이 나와 동갑인 1978년 출생 아티스트들입니다. 모소족妄走族의 반야般若도 그렇고, 엠에스시MSC의 간漢도 그렇고, DJ 바쿠BAKU도 그렇습니다. 그들과 함께 제3기가 시작됩니다. 아, 오지로사우르스OZROSAURUS의 마초MACCHO도 있

---

18 Avex: 일본의 연예 프로덕션이나 음악 관련 업무를 보는 회사 그룹의 명칭.

군요. 당시 천재소년의 느낌으로 등장한 이 사람은 데뷔가 무척 빨라서 제2기와도 겹치지만 세대적으로는 제3기입니다. 제2기의 언어그라운드 느낌은 일부러 사회로부터 격리되어 자기들의 표현을 농밀하게 만드는 전략적인 느낌이었지요. 한편 제3기는 좀더 사회적인 상황을 반영한 것으로 보입니다. 피차별 부락 출신인 오니도 그렇고, 교토의 무카이지마向島에 있는 빈곤 지역의 주택단지 출신 래퍼인 아나키ANARCHY도 그렇습니다. 그때까지 힙합에 뛰어든 것은 뭐니 뭐니 해도 경제적으로 여유로운 불량청년들이었지요. 1980년대 소비사회의 영향도 있었고요.

사사키/ 그렇지요. 그들은 학력도 높았어요.

이소베/ 그리고 레어 그루브[19] 컬처라든가 DJ 컬처는 레코드를 한가득 갖고 있어야 했습니다. 턴테이블 세트를 가져야 한다는 식으로 돈이 들었지요.

사사키/ 어느 정도의 문화적 자본과 그것을 뒷받침하는 물리적 자본이 동시에 필요했습니다.

이소베/ 새로운 문화에 접근할 수 있는 감각이 필요했지요. 중요한 것은 당연하게도 일본의 힙합이 수입문화라는 점입니다. 불량청년들 사이에서 자발적으로 태어난 것이 아닙니다. 물론 정보의 선택은 자발적인 행위였지만, 그 바탕에는 새로운 정보에

---

19 Rare Groove: 1980년대 후반 여러 장르의 숨겨진 명곡과 희귀한 레코드 등 예상 외로 확고한 인기를 얻은 음악을 가리킨다. 이 음악은 주로 저널리즘이나 디스코테크나 클럽 등을 중심으로 주목받았다.

재빠르게 접근할 수 있는 감각을 키울 풍부한 자본이 있어야 했지요.

사사키/ 시간을 한참 더 거슬러 올라가기 때문에 적당한 예는 아닐지 모르겠지만, 피치카토 파이브Pizzicato Five의 고니시 야스하루小西康陽 씨도 비틀스나 재즈 레코드는 군이 사지 않더라도 이미 집에 전부 있다고 했잖아요. 그렇게 문화적 자본의 축적이 없으면 나올 수 없는 것이 있습니다. 나는 고등학교 중퇴에 문화적 자본이 있는 환경에서 자라지 못했기 때문에 이런 점에 대해서는 상당히 꼬여 있어요. (웃음) 학교를 중퇴하고 마약까지는 손에 대지 않았지만 시골 동네 주유소에서 아르바이트를 했습니다. 한번은 하얀 벤츠 자가용에 흠집을 내어 조폭에게 발로 차이기도 했어요. (웃음) 부모님께 걱정 끼치지 않으려고 넘어져서 다쳤다고 둘러댔지요. (웃음)

이소베/ 얘기가 나온 김에 고향은 어떤 곳이었나요?

사사키/ 잠깐만요. 이제까지 난 '내 얘기'를 꺼내는 것이 별로 좋지 않다고 생각해서 피해왔습니다. 사상이나 비평의 세계에서는 자기 이야기가 곧 세계 이야기라는 우쭐거림이 통해왔으니까요. 하지만 '자기가 어디에 속해 있는가?'가 중요한 주제일 경우 자신의 문화적 배경을 밝히지 않는다면 공평하지 않을지도 모릅니다. 흠, 그러니까 어느 정도는 '내 얘기'를 해야겠지요…….
가볍게 얘기하자면 출생은 동북 지방의 쓰가루津軽지만 가나가와神奈川의 히라쓰카平塚, 이바라기茨城 북쪽의 히타치日立 같은 깡촌에서 자랐습니다. (웃음) 시내에 편의점이 한 군데밖에 없는 곳이지요.

이소베/ 그럼 심상心象의 풍경으로서 변두리랄까, 양키 같은 것이 있나요?

사사키/ 양키 친구도 있었고 평범한 친구도 있었지요. 경계에 있었다고 할까요. 양키문화와 잘 어울렸지만 물들지는 않았어요. 당시 시골에서 흑인음악이나 힙합을 듣는 건 양키가 아니었으니까요.

이소베/ 일본어 랩이라는 장르 자체가 경계에 있지요.

사사키/ 굴절되고 뒤틀려 있다고 할까요. 결코 그 속에 빠진 것은 아니지만…….

이소베/ 밖에서 보면 양키집단으로 보일지 모르지만, 불량문화는 그렇게 단순하지 않지요. 이른바 초기 팀족은 그 당시 아주 패셔너블한 엘리트이기도 했습니다.

사사키/ 맞아요. 그들은 문화 엘리트였어요. 반짝반짝 빛났지요. (웃음) 나는 1973년생인데 1973년생 일본어 래퍼는 희귀한 존재입니다. 라임스타의 DJ 진JIN 정도지요.

이소베/ 진 씨도 라임스타 중에서는 나중에 들어온 멤버고요.

사사키/ 립 슬라임RIP SLYME이나 킥 더 캔 크루Kick The Can Crew에 들어가기에는 나이가 어중간해서 1973년생이 적어요.

이소베/ 크레바KREVA 씨는 1976년생이니까 연배가 조금 아래죠.

사사키/ 이코헤이 재팬IKOHEI JAPAN 씨가 1971년생이니까 조금 위고요. 1973년생은 진 씨밖에 없어요. 제2기 중에 어정쩡한 정도, 팔리는 둥 마는 둥……. 그 아래 연배라면 좀 팔렸지요.

10년 간격이 아니라 5년 간격으로 차이가 나는군요.

이소베/ 『힙합 제너레이션』에도 청년문화는 5년마다 변한다고 쓰여 있습니다. 취직하는 사람도 있으니까 대개 5년마다 멤버가 바뀌지요. 불량문화도 그렇고요. '언제까지 이 짓을 계속할 수는 없잖아!' 하면서 대다수는 그만두지만, 그래도 남는 사람은 평생 졸업하지 못해요. (웃음) 힙합은 다른 문화보다 연령에 신경을 더 씁니다. 사사키 씨와 나도 말했지만 자기가 몇 년생인지, 저 사람은 몇 년생인지, 동갑이지만 학년이 다르다든지…….

사사키/ 그런 점은 있지요. (웃음) "야, 너 어느 중학교 나왔어?" 하는 식으로……. 어떤 의미에서는 철없는 애 같은 감성이 있어요.

이소베/ 이런 불량적인 감성에 입각한 문화라서 오타쿠 몇 세대하는 것보다 시간적 간격이 훨씬 더 중요해요. 좀 단순하게 말하면 일본어 랩이 정말 들을 만한 음악이 된 것은 제3기부터라고 봅니다. 물론 그 이전부터 일본어 랩을 들어온 당사자의 이야기라는 것을 감안해주세요. 이 장르에 애착을 품어온 까닭은 일본의 독자적인 거리문화가 태어날 가능성 때문이랍니다.

사사키/ 당연히 우리는 제1기, 제2기부터 이 문화에 빠져들었기 때문에 '굳이' 이해를 바라는 것입니다. 이 두 시기의 결정적 중요성을 전제하고 제3기를 이야기한다는 것을요. 한마디로 제1기와 제2기까지는 다른 선택지가 없지 않았습니다. 문화적 자본이 있었기 때문에 다른 길로 갈 수도 있었지요. 물론 아티스트의 양심, 힙합예술에 쏟는 정열은 뜨거웠지만…….

이소베/ 요컨대 그때까지는 대체 가능한 문화였던 겁니다.

사사키/ 문화적·경제적으로, 나아가 '계급적으로' 달리 할 수 있는 일이 있었습니다. 하지만 제3기에 들어오면 '힙합밖에 없다'는 사람들이 등장하지요.

이소베/ 맞아요. 그들은 그것밖에 모릅니다. 일본어 랩이라는 문화의 인프라가 어느 정도 구축되었기에 철이 들 무렵이면 이미 주위에 일본어 라임의 교과서도 나와 있는 단계였어요. 그때 비로소 그들이 놓인 사회적 상황을 음악으로 표현할 수 있었던 겁니다.

사사키/ 어느 측면에서는 제2기를 깎아내림으로써 제3기가 성립했다고 볼 수 있을 듯합니다. 왜냐하면 문화적 자본의 축적이라는 측면에서 전제가 달랐으니까요. 단절을 의식하지 않을 수 없습니다.

체념의 세대

이소베/ 그렇습니다. 실로 라임스타나 립 슬라임이 다 그랬습니다.

사사키/ 나는 사이프레스 우에노サイプレス上野 씨 입장에 공감할 때가 자주 있습니다. 나이는 그가 나보다 훨씬 적고 얘기도 한 번밖에 안 해봤지만, 매우 날카로운 지성을 갖고 있습니다. 세대적으로나 계급적으로 다양한 사람들과 거리를 두는 방식이 절묘해요. 더구나 저급한 것을 굳이 보여주려는 명민함과 똑똑함도 아주 재미있고요.

이소베/ 섬세한 사람입니다.

사사키/ 그래요. 그런 점에 크게 공감해요. 나는 그 사람만큼 거리두기에 섬세하지 못했거든요. (웃음) 나는 현장에 계속 남지 못했고, 경제적으로도 성공하지 못했지만, 책을 쓰는 선택지가 있었지요. 그런 의미에서는 제2기의 정신에 속할지도 모릅니다.

이소베/ 그렇군요. 사사키 씨와 우에노 씨의 세대 감각이 좀 다를지도 모릅니다. 그는 시대가 시대였던 만큼 FG[20]처럼 지역성을 대표하기보다는 자신의 음악적 표현을 추구하는 방향으로 나아갔지요. 그는 자기 지역 친구들과 수준을 끌어올리는 일을 선택했어요. 팝 음악을 하면서 그런 활동방식을 선택한 것이 이 시대에 잘 어울리는 것 같아요.

사사키/ 그 부분은 무척 제3기답다고 봅니다. 그의 균형감각은 좋은 의미에서 우타마루 2세 같은 느낌입니다.

이소베/ 제3기는 약간 체념을 품은 점이 흥미롭습니다. 힙합의 판을 키우거나 CD가 팔릴 가능성이 보이지 않자 그보다는 동료들과 재미있는 일을 하자고 나섰지요. 상업성을 내세우면 폼이 나지 않는다는 자존심일지도 모르겠지만…….

사사키/ 슬랙S.L.A.C.K. 씨의 〈That's Me〉는 일종의 체념이 초래하는 고고한 느낌이 멋지게 풍깁니다. 이 노래를 듣고 있으면 솔직히 말해 공감이 넘쳐 눈시울이 뜨거워져요. (웃음) 지브라ZEEBRA

---

20 FUNKY GRAMMAR UNIT의 줄임말. 라임스타, 이스트엔드, 립 슬라임, 킥 더 캔 크루, 멜로 옐로MELLOW YELLOW를 중심으로 한 힙합 커뮤니티를 가리킨다.

씨나 우타마루 씨의 세계 전체를 보면서 난 어떻게 할까를 생각하면 무척 든든하기도 합니다. 우리는 서로 보완적으로 존재하고 있으니까요. 그런 점에서 굉장히 건전할지도 몰라요.

이소베/ 슬랙이 재미있는 이유는 메시지가 직선적이기 때문입니다. 말하자면 '나는 나'라는 데 자신감을 갖고 '너는 너'라는 데 자신감을 갖자는 이야기인데, 일탈적인 비트에 이 메시지를 멋지게 얹어놓는 솜씨가 독창적입니다.

사사키/ 그는 정말 블루스적입니다. 좀 단순화하자면 보통 힙합의 샘플링[21] 대상은 펑크[22]나 재즈 펑크, 레어 그루브잖아요. 그런데 그는 흑인음악의 느낌도 풍겨요. 역사적으로 깊이 파고 내려갈 뿐 아니라 그것을 육화肉化해낼 수 있지요.

이소베/ 그렇고말고요. 아까 일본어 랩의 인프라라는 말을 했는데, 슬랙 집에 간 적이 있어요. 이타바시 구板橋區에 있는 방 세 칸짜리 작은 집이었는데, 현관을 열었더니 현관까지 레코드가 쌓여 있었어요. 거실에도 물론 꽉 찼고요. 트레이닝복을 입은 아버님이 "어서 오게" 하셨어요. 알고 보니 레코드는 아버님이 다 사들이셨다고 하더군요.

사사키/ 멋진 아버님이군요. (웃음)

이소베/ 따라서 슬랙과 그의 형님인 펀피PUNPEE는 거의 레코드를

---

21 sampling: 기존 팝-클래식 음반의 연주 음원Source을 그대로 따서 쓰는 음악기법.
22 funk: 1960년대 중반 미국에서 발생한 대중음악 장르로 재즈, 리듬앤블루스, 소울이 결합된 양식.

사지 않았다고 해요. 전부 아버님의 레코드에서 샘플링을 했다더군요.

사사키/ 그랜드마스터 플래시[23]가 그랬다지요.

이소베/ 그렇지요. 미국의 힙합은 앞 세대와 문화적으로 연결되어 있어요. 시작은 부친 세대의 레코드 수집이었지만, 음악을 듣는 방식, 활용하는 방식, 감각 등에서 전환을 이루어냈습니다.

사사키/ 일본에서도 똑같은 일이 일어나고 있어요.

이소베/ 슬랙과 펀피도 샘플러[24]밖에 갖고 있지 않아요. 거실에는 아버지가 수집해놓은 레코드가 즐비했는데 그중 하나를 골라 자기들 방으로 갖고 들어간 다음 각자의 감각으로 다시 구성했지요.

사사키/ 실로 왕도王道를 걸었군요.

이소베/ 또 형제가 쓰는 방이 얇은 벽 하나로 붙어 있었기 때문에 '에잇, 시끄러워!' 하고 고함을 치면서 곡을 만들다가 결국에는 어머니에게 혼이 났다고 합니다. (웃음) 이런 사람들이 일본에서도 나왔다는 점이 감개무량합니다.

사사키/ 마지막에는 꼭 엄마가 등장하지요. (웃음) 어떤 의미로는 흑인적으로요. 참 재미있어요. 이것은 힙합 여명기에 일어난 일이 일본에서도 자연발생적으로 일어난다는 뜻입니다. 그들은 이상한 음악을 듣고 그렇게 된 거죠. 앨런 투세인트[25]나 리 도르시,[26]

---

23 Grandmaster Flash: 1958~, 미국의 힙합 가수로 본명은 조지프 새들러Joseph Saddler다.
24 sampler: 악기와 목소리는 물론 자연음까지 손쉽게 음원으로 만들고 재생하는 기계.

또는 오래된 블루스나 재즈를 엄청나게 듣고 그리된 것입니다.

이소베/ 게다가 아버님이 힙합도 들었다는군요. "애들아, 우 탱 클랜[27]의 새 앨범, 사왔어!" 같은 일이 자주 있었다고 합니다.

사사키/ 그 아버님을 인터뷰하고 싶네요. (웃음)

이소베/ 그 집에 갔을 때 한낮인데도 아버님이 집에 계시기에 슬랙에게 "오늘은 회사에 안 가셨어?" 했더니 "편찮으셔서 잠시 쉬고 계셔" 하더군요. "그럼 내가 찾아와서 방해되는 거 아닐까?" 했더니 "아마 꾀병일걸" 하더라고요. (웃음)

사사키/ 빈둥거리고 싶었을 뿐이군요. (웃음)

이소베/ 한편 아나키 같은 프로젝트(저소득자용 집합 주택) 출신으로 지금도 그곳에 살고 있는 래퍼도 있습니다. 일본의 힙합은 지금까지 게토[28] 콤플렉스의 반대랄까, 게토를 오히려 동경하는 뒤틀린 콤플렉스를 갖고 있었다고 생각합니다. "일본에는 게토가 없어, 빈곤도 없고……. 그러니까 힙합을 할 이유가 없어." 이런 것이 1990년대에는 상투적인 비난이었습니다.

사사키/ 그랬지요. 하지만 하나만 유보하죠. 이소베 씨의 논지에 따르면 지금은 결국 게토와 격차가 나타났다는 말이 되잖아요.

---

25 Allen Toussaint: 1938~2015, 알앤비 음악의 전설로 불리는 미국의 가수, 피아니스트, 싱어송라이터.

26 Lee Dorsey: 1924~1986, 미국 뉴올리언스를 거점으로 활동한 알앤비 가수.

27 Wu-Tang Clan: 미국 뉴욕을 중심으로 활발하게 활동한 힙합 그룹.

28 ghetto: 유대인의 강제지정 거주지역을 뜻하는 말로, 미국에서는 흑인 등이 사는 빈민지구를 가리킨다.

그건 좀 수상해요. 게토와 격차는 예전부터 있었으니까요. 그것을 외면하는 '연막' 같은 것이 걷혔을 뿐입니다.

이소베/ 물론 그렇습니다. 아까 최첨단의 수입문화에 접근하려면 어느 정도 유복한 계층에 속해야 한다는 시대를 이야기했는데, 확실히 그때도 게토는 있었습니다. 다만 게토 사람들은 힙합에 접근할 만한 수단을 갖지 못했어요. 그런 사람들이 드디어 힙합 세계에 나타난 것이 2000년대 이후입니다. 아나키 등은 자신의 가난에 정말로 콤플렉스를 갖고 있어요. 그렇기 때문에 출세하고 싶다고 생각하지요. 그런 세대가 나타난 것이 재미있는 현상입니다.

사사키/ 이해하고말고요. 그 점은 정말 재미있습니다.

이소베/ 힙합은 물론 미래를 개척하는 음악이라고 생각하는데, 마찬가지로 중요한 의미에서 힙합은 현실을 반영하는 음악입니다. 그 점이 힙합의 재미라고 생각해요.

뒤틀린 연대의 폭

이소베/ 한편 제2기에는 m.c.A.T[29]가 명명한 제이랩J-RAP 붐이 일어났습니다. 이 대목은 아주 복잡한데, 이스트엔드도 제이랩 음

---

29 1961~, 일본의 뮤지션이자 음악 프로듀서.

악이라고 했습니다. 하지만 사실 〈다. 요. 네DA. YO. NE〉라는 곡
은 머미디Mummy-D가 작사를 맡았고 이스트엔드도 FG 안에서
경력을 쌓았습니다. 그들을 비난하는 사람들에게 명확하게 안
티 팝이라는 사상이 있는 것도 아니었고, 그냥 모난 돌이 정 맞
는 부분도 있었을 겁니다. 하지만 그런 것은 시기적으로 필요했
다고 봅니다.

사사키/ 음악의 어느 하위장르가 또 하나의 장르를 누르고 올라
서기 위해서는 미국의 옛날 음악비평 용어로 '풍선껌 히트', 즉
애들 취향의 대히트곡이 반드시 필요합니다. 지금도 세계적으로
엄연히 일어나는 현상이지요. 이런 현상을 감수할 수밖에 없다
는 것이 그들의 경력에는 불행이었을지도 모릅니다. 대체로 그런
것은 불행으로 끝나지요. 한 방으로 끝입니다. 그렇게 될 수밖
에 없는 구조적인 필연성이 있으니까요. 좀 허풍스럽게 말하면
그 십자가를 누군가 짊어져야 한다는 것은 침통한 일입니다.

이소베/ 유 더 록★YOU THE ROCK★은 탤런트로도 잘나간 복잡한
아티스트지요. 첫 앨범을 하드코어 음악으로 냈는가 싶더니 두
번째 앨범에서는 실험적인 음악을 내놓았어요. 일렉트로[30]와 프
리재즈를 섞은 음악이었습니다. 마치 얀 도미타ヤン富田를 계승
하는 것 같았지요. 유 더 록★은 양키 풍으로 보일지 모르지만
실은 원래 메이저 포스[31]를 좋아하고, 시골에서 기차 무임승차

---

30 electro: 전자 펑크음악electro-funk 또는 전자 부기음악electro-boogie의 약칭으로
1982년에서 1985년에 걸쳐 유행한 전자음악의 한 장르를 가리킨다.

로 도쿄 클럽에 다니는 좋은 의미의 속물이었어요. 일본어 랩에서 중요한 점은 양키계냐 문화계냐로 나뉘지 않는다는 점입니다. 이를테면 우타마루 씨도 이른바 1980년대 하위문화를 통과했어요. 한편으로는 크레이지에이 같은 거리음악 계통에 감정을 이입하기도 했고…….

사사키/ 거리로 끌려나와 문화적으로 복합을 이루기도 하고 분열하기도 하고…….

이소베/ 그 점도 복잡합니다. 크레이지에이도 거리활동을 강조합니다만 가자미 신고風見しんご의 백그라운드 보컬이었고, 주의 초기 멤버로 연예계와도 가까웠으니까요. 1992년도의 〈Please〉라는 EP 판[1분간 45회전하는 소형의 장시간 레코드]에는 버블검 브라더스Bubblegum Brothers의 〈Won't be Long〉의 랩 버전이 들어 있고, 그 안에 수록된 〈Watch Me!〉는 라임스타의 랩 데뷔곡이지요. 거리문화나 속물이나 연예계는 일본어 랩과 대립하지 않고 서로 섞여 있습니다.

사사키/ 제2기의 내부만으로도 뒤틀려 있지요. 갤럭시GALAXY라는 FG의 상부조직이자 와세다대학의 흑인음악 동아리가 있습니다. 이야기를 들어보면 그곳에서는 당시 '하우스 뮤직32 동아리'에 있던 어떤 나쁜 놈이 "스차다래퍼의 리틀 버드 네이션Little

---

31 Major Force: 일본 최초의 힙합 클럽음악을 전문으로 내는 음반회사.
32 house music: 1980년대 이후 컴퓨터와 신시사이저를 결합시켜 만든 첨단 일렉트로닉 댄스음악의 한 종류.

Bird Nation(LB)과 FG 사이의 차이는 학력"이라고 막말을 했다더군요. (웃음) 하지만 어떤 의미에서는 맞는 말입니다. 당시에는 일시적으로 와세다대학이나 게이오대학 나온 사람들이 불량문화, 언더그라운드 문화에 기울어 있었기 때문입니다. 하위문화라고는 해도 스차다래퍼는 정통으로 인정받고 있었고 연예계나 주류문화와 지극히 강한 결속으로 묶여 있었으니까요. 당사자들도 계급이나 학력이 왜곡되어 있다는 점을 상당히 자각하고 있었다고 봅니다.

이소베/ 스차다래퍼는 구와사와桑沢 디자인연구소 출신입니다.

사사키/ 조사해보지는 않았지만 구와사와 계보를 더듬어보면 재미있을지도 모르지요.

이소베/ 시다SEEDA의 인터뷰에서 자기 작업이 현대의 스차다래퍼라고 말한 점이 재미있었어요. 옛날에 스차다래퍼가 게임에 대해 랩으로 노래했듯, 자기가 허슬러 랩을 하는 이유는 게임과 마찬가지로 그것이 아이들kids에게 친근한 화제이기 때문이라고 했는데 그 말에 고개가 끄덕여지더군요.

사사키/ 연대年代마다 내부에 뒤틀림이 있을 뿐 아니라 연대가 바뀌면 또 뒤틀림이 발생합니다. 그는 그것을 아주 담담하게 이해하고 있다는 뜻이지요.

이소베/ 따라서 사사키 씨가 아까 말했듯 간단하게 10년 주기로 나눌 수 없을 만큼 내부가 뒤틀려 있어요.

사사키/ 연대마다 뒤틀려 있고, 계급마다 뒤틀려 있고, 성장 환경, 경제적 입장마다 몇 겹으로 뒤틀려 있습니다. 그것을 한마디로 하면 '풍요로움'이지요. 문화적 풍요로움!

이소베/ 시다는 허슬링에 대해 노래한 〈꽃과 비花と雨〉 시절과는 달리, 예전에 우타마루 씨나 지브라 씨가 맡았을 법한 힙합 세계의 선도자 역할을 찾아가고 있습니다. 가장 새로운 앨범(대담 당시 《시다SEEDA》)을 듣고 그런 생각이 들었어요.

사사키/ 이소베 씨는 그런 변화에 반대한다는 말인가요?

이소베/ 나는 반대합니다. 아까 한 이야기와 이어지는데, 의식적으로 정치적인 발언을 시작했구나 하는 느낌입니다. 오히려 그는 무의식적으로 정치를 체현할 때가 재미있고, 그럴 때 가능성이 보이니까요. 엄밀하게 정치를 이야기한다면 〈디어 재팬Deer Japan〉(앨범 《시다》에 수록) 노래는 마치 텔레비전 뉴스처럼 민주당은 형편없다, 미국의 오바마는 대단하다고 랩을 합니다. 하지만 그런 랩을 해서 뭐하겠어요? 예전처럼 거리의 뉴스를 노래했을 때가 좋았는데…….

힙합을 어떻게 듣고 있었는가?

이소베/ 사사키 씨가 힙합에 처음 흥미를 느낀 것은 언제입니까?

사사키/ 열일고여덟 때 드 라 소울De La Soul[33]의 두 번째 앨범과 어

---

[33] De La Soul: 뉴욕의 롱아일랜드에서 결성한 미국의 힙합 그룹으로 독자적인 유머감각과 사운드를 통해 혁신적인 활동을 벌였다.

트라이브 콜드 퀘스트34의 두 번째 앨범이 나왔지요. 어차피 시골이라 그때그때 앨범을 구할 수는 없었어요. 그래도 끊임없이 발표하니까 힙합을 들을 수밖에 없지요. (웃음) '어쩌자고 자꾸 들리는 거야' 하는 느낌? 그러다가 일본에서도 힙합을 하는 사람이 있다는 소식을 듣고 점점 더 빠져들었습니다. 넓은 의미의 흑인음악은 전부 좋아했으니까 이리저리 죄다 기웃거리면서 힙합을 들은 셈입니다. 한마디로 계기는 평범하지요.

이소베/ 힙합을 듣는 사람으로서 흥미를 가졌던 것이로군요.

사사키/ 그렇습니다. 시골이니까 주위에 아무도 없었어요. (웃음) JB35나 마일스 데이비스를 아는 놈이 친구 중에 하나도 없을 만큼 삭막했다니까요.

이소베/ 흑인음악과 일본인의 관계는 중요한 주제입니다. 일본어 랩의 뿌리를 제1기보다 더 거슬러 올라가면, 에모리아이江守藹라는 일러스트레이터가 있습니다. 1970년대 말 디스코 붐 당시 7인치의 레코드 재킷을 다수 만들었기 때문에 중고 레코드 가게를 돌아다니는 사람이라면 누구나 금세 알 것입니다. 이 사람이 작년에 『검게 춤추어라!黑く踊れ』라는 자서전을 냈는데 엄청나게 재미있습니다. 그는 재즈에서 시작해 리듬앤블루스에 빠져들었다가 알앤비 스팟이나 소울 디스코라고 불리는 디스코 업소

---

34 A Tribe Called Quest: 1988년에 결성해 앨범 다섯 장을 발표하고 1998년에 해산한 미국의 힙합 그룹.
35 삼형제가 결성한 미국의 3인조 보이 밴드 조나스 브라더스Jonas Brothers를 가리킨다.

에 다니기 시작합니다. 동시대인으로는 돈가츠모토ドン勝本라는 일본디스코협회 회장이 있고, 최근에는 쿡 닉 앤 처키Cook Nick & Chucky라는 알앤비 그룹 멤버였던 닉쿠오카이ニック岡井가 있습니다. 이 책은 소울에 열광한 원조 청춘에 관한 기록이기도 합니다. 두 사람은 이미 세상을 떠났고 지금은 에모리아이 씨밖에 남지 않았기 때문에 이 책은 귀중한 증언입니다. 그들은 미군 병사의 사복 패션을 흉내 내는 젊은이라는 뜻에서 원조 양키이기도 했습니다. 양키도 모방의 대상이 백인이냐 아니면 흑인의 소울 패션이냐에 따라 나뉘었지요. 그들은 후자였고 압도적으로 소수였습니다.

사사키/ 지나치게 소수니까 거의 변태 같았지요. (웃음) 물론 존경의 뜻으로 '변태'라고 한 겁니다. (웃음) 우리 세대가 느끼는 꽤 쓸쓸한 소외감을 생각하면 그들의 음악과 행동은 말할 수 없이 멋집니다.

이소베/ 그렇지요. 한편 백인 병사를 흉내 내는 그룹은 태양족[36]으로 이어지고 일본의 불량청춘 가운데 주류를 이루었습니다.

사사키/ 「태양의 계절」을 쓴 작가가 나중에 도쿄 도지사도 되고……. (웃음)

---

36 太陽族: 1950년대 일본에서 자유분방한 사고방식을 통해 기존의 가치관과 질서를 거부한 젊은 세대를 이르던 말. 당시 유행했던 이시하라 신타로石原慎太郎의 소설 「태양의 계절太陽の季節」에서 유래했다. 이시하라 신타로는 1999년 도쿄 도지사에 무소속으로 당선된 뒤 재임을 거쳐 2011년 압도적인 지지를 받으며 4선에 성공했다.

이소베/ 그때부터 캐럴음악도 나오고 양키도 기본적으로는 양지를 걷지요. 하지만 흑인 병사를 흉내 낸 사람들은 불량한 데다 오타쿠였습니다.

사사키/ 그런 사람들이 있었지요. 참 훌륭해요. '불량한 데다 오타쿠'라는 표현은 한마디로 가장 양호한 하위문화의 본질을 꿰뚫고 있어요. (웃음)

이소베/ 아프로헤어37 스타일로 일부러 미군기지 가까이 가서 흑인 전문 양복점에서 양복을 주문하고…… 한마디로 코스프레였지요. 그런 사람들이 모인 곳이 시부야의 크레이지 스팟입니다. 일본에서 가장 오래된 디스코 가게라고 일컬어지는 곳이지요. 디스코 가게라고 해도 막 문을 연 1960년대 말 당시에는 알앤비 스팟이라고 불렸어요. 턴테이블이 아니라 주크박스를 놓고, 최신 알앤비 7인치 레코드를 잔뜩 들여놓았으니 마니아가 모여들밖에요. 그러고 보니 요전에 지브라와 시부야 불량청춘의 역사에 관해 인터뷰를 하다가 크레이지 스팟에 간 적이 있다는 이야기가 나왔습니다. 1980년대 초쯤이었다나…….

사사키/ 간 적이 있답니까? 지금 서른아홉이니까 그 무렵이면 중학생이었을 텐데요.

이소베/ 그래요. 선배 손에 끌려갔다고 하더군요.

사사키/ 그러고 보니 그 사람이 쓴 가사 중에 "중딩 시절 난 집에

---

37 Afrohair: Afro+hair의 조어로 곱슬곱슬하게 파마한 후 둥글게 마무리하여 양감 있게 보이는 머리형을 가리킨다.

들어가지 않았지" 하는 노랫말이 있네요.

이소베/ 설마 크레이지 스팟의 이름이 나오리라고는 생각도 못 했으니까 깜짝 놀랐지요.

사사키/ 참 대단해요. 틀림없이 최연소일 거예요.

이소베/ 1960년대의 잔향을 맡은 마지막 세대가 아닐까요?

사사키/ 우와…… 질투를 억누를 수 없네요. 그렇다면 처음으로 지브라 씨 흉을 좀 보겠습니다. (웃음) 그런 특권적인 체험이 가능했던 이유는 역시 집안이 좋고 명문 게이오대학을 나왔기 때문일 겁니다. (웃음) 나 같은 고등학교 중퇴에 별 볼일 없는 촌뜨기하고는 달라요.

이소베/ 자서전을 읽으면 알겠지만 그는 그림에 나오는 도련님 같습니다.

사사키/ 맞아요. 그런 의미에서 지브라 씨의 존재 자체가 이미 뒤틀려 있어요.

이소베/ 그리고 에모리아이 씨가 재미있는 점은 재즈에서 출발해 알앤비·소울·디스코·힙합이라는 흑인음악의 유행을 항상 뒤쫓았다는 점입니다. 돈가츠모토 씨는 디스코 클래식을 고집했는데, 1990년대에는 시로카네白金에 그런 음악만 틀고 어른 손님을 받는 댄스테리어라는 댄스홀을 만들었어요. 에모리아이 씨는 그곳에서도 뉴 잭 스윙[38] 음악만 틀었던 것 같고, 이것은 실제로 일본의 힙합 세계와도 이어졌습니다. 더구나 그는 1980년대에 고향인 규슈로 돌아가 후쿠오카 힙합 크루라는 최초 시기의 브레이크댄스 팀을 꾸렸습니다. 참 대단하지요.

119

사사키/ 완전히 연속성이 있군요.

이소베/ 나중에 한바탕 소동을 벌이려고 도쿄로 올라가서는 크레이지에이라는 도쿄 비보이와 맞장을 뜹니다. (웃음)

사사키/ 원래 도쿄에 있던 사람인데……. (웃음)

일본어 랩

이소베/ 아까 말했듯 미국의 힙합이 그전의 소울 역사와 연속성도 있고 단절성도 있는 것처럼, 일본의 힙합도 흑인음악을 수용하는 역사 속에서 새로운 용어로 등장했습니다. 중요한 점은 일본의 록 음악이 미국 콤플렉스를 꽤 이른 단계에 극복했다는 점이지요. 가사의 측면을 보면 우치다 유야內田裕也와 해피엔드HAPPY END의 일본어 록 논쟁이 있는데, 이때가 과도기였습니다.

사사키/ 물론 난 동시대 인간이 아니지만 그건 충격이었습니다. 일본어로 록은 불가능하다고 말하고 있는데 호소노 하루오미細野晴臣 씨가 휘리릭 해버렸으니까요. 동시대 사람은 입을 다물지 못했습니다. '어머나, 록 음악이야!' 하고 말이지요.

---

38 new jack swing: 1980년대 후반부터 1990년대 초반까지 미국 알앤비 가수 겸 프로듀서 테디 라일리Teddy Riley가 주축이 되어 유행한 장르. 리듬앤블루스에서 기인한 보컬과 힙합 풍이 강한 리듬이 특징이다.

이소베/ 음, 록은 노래니까 비교적 규칙이 느슨하고 일본어로 바꾸기 쉽습니다. 힙합은 어렵고요. 영어 구조의 심오한 부분을 번역하려다 보니 아무래도 왜곡이 일어납니다. 물론 그런 왜곡이 재미있기는 하지만요. 예컨대 이토 세이코와 지카다 하루오는 『유레카ユリイカ』 2006년 3월호 대담에서 이렇게 말합니다. "영어로 맞추는 각운은 언어 구조로 볼 때 아름답지만, 일본어의 경우 음운을 맞추기 위해 별로 쓰지도 않는 사자성어를 활용해 가사로 쓰면 '각운을 맞춘 곳'의 의미가 통하지 않아요."(이토 세이코) "일본어는 두운의 울림이 아름답고 효과적인 반면, 힙합은 자동적으로 각운을 맞춥니다. 게다가 운을 맞추려고 비슷한 음을 억지로 찾기 때문에 가사가 망가집니다."(지카다 하루오)

사사키/ (무릎을 꿇고 단정하게 자세를 바로잡으며) 존경하는 이 두 분께 말씀드리는 것이기도 합니다만, 좀더 상세하게 논의하고 싶군요. 나는 시인도 아니고 시학 전공자도 아니어서 단순화하다 보면 틀릴지도 모릅니다. 원래는 두꺼운 책 한 권 분량으로 논의해야 할 주제니까요. 하지만 감히 기본적인 점을 확인해두겠습니다. 우선 동서양을 막론하고 운율은 곧 '리듬'입니다. 압운이란 리듬을 만들기 위한 수단에 지나지 않지요. 언어의 리듬이란 당연히 '악센트'에 따라 생겨납니다. '안녕!'과 '안~녕!'과 '안녕~!'은 어느 음에 악센트를 두느냐에 따라 리듬이 달라집니다. 아주 명청한 예지만 알기 쉽죠? (웃음) 보통 '악센트'라고 하면 우리는 어떤 음을 강하거나 약하게 발음하는 것을 떠올립니다. 하지만 이것은 최근의 일이고, 라틴어나 그리스어에서 악센트는 '강약'이 아니라 '장단'이 중심이었습니다. '강약'과 '장단'을 조합시킨 것을 '각脚, foot'이라고 부르고, '각'을 조합한 것을 '운율meter'이라고 합니다. 고대 그리스에서는 '장단단', 근대어라면 '강약약'의 조합을 '장단단격長短短格'이라고 부릅니다. 호메로스의 『오디세이』는 전부 운율로 쓰여 있습니다. 웬 뜬금없는 호메로스냐고 할지 모르겠는데, 사실 비틀스도 그렇고 롤링스톤스도 그렇고, 의외로 고전적 리듬 개념으로 분석할 수 있습니다. 비틀스의 작사도 완전히 장단단격으로 쓰인 것이 몇 개 있습니다. 이것은 이론이라기보다는 '언어의 생리'에 근거한 것입니다.

그렇다면 일본어에는 '각'이나 '운율'이 없을까요? 절대로 그렇지 않습니다. 있습니다. 우선 5·7·5 또는 5·7·5·7·7[39]은 명확하게 '각'이자 '운율'입니다. 더욱 단순화해서 힙합 식으로 플로우flow와 라임rhyme으로 보면 우선 일본어에 플로우는 있습니다. 일반적으로 말하는 '멜로디와 리듬'이라는 이분법을 넘어선 곳에 '운율'이 존재하지요. 일설에 의하면 일본에는 수백만 명, 아니 천만 명에 이르는 하이쿠 인구가 있답니다. 단카短歌를 제외하더라도 그만큼 운율을 좋아하는 문화가 있습니다. 그러면 '각운', 우리가 보통 '운을 맞추기'라고 하는 것이 일본어에 없었을까요? 아닙니다. 있었습니다. 왜냐하면 고대부터 얼마 전까지 일본인은 계속 한시를 읊었기 때문입니다.

---

[39] 일본의 대표적 정형시인 하이쿠俳句는 글자 수가 5·7·5조의 17자, 단카는 5·7·5·7·7조의 31자로 이루어진다.

이소베/ 한시를 짓는다는 것 자체가 진실로 운율을 맞추는 작업이니까요.

운율 맞추기와 일본어

사사키/ 그렇습니다. 단카도 하이쿠도 운율을 분석하면 세밀하게 라임을 맞추고 있는 복잡한 시의 장르입니다. 굳이 언급하지 않더라도 이것은 확실히 한시의 운율과 연관되어 있습니다. 두운과 각운을 다 맞추고 있으니까요. 이를테면 중학교 교과서에도 실려 있는 아라이 하이세키新井白石라는 인물이 있습니다. 그는 한시를 짓는 시인이었는데, 한시의 본고장인 중국에서 일본인 말투가 섞이지 않은 아름다운 운율을 맞춘다는 평판을 얻기도 했습니다. 그는 일본인 최초로 814년에 칙찬[40] 한시집 『능운집凌雲集』을 냈습니다. 그러나 그 이전부터 근대까지 일본인은 넉넉잡아 1,000년 넘게 운율을 맞추고 있는 것입니다. 맞추고 또 맞추고 마구 맞추고 있다니까요. (웃음) 『능운집』이 나온 지 100년쯤 후에 『고킨와카슈古今和歌集』가 나올 때까지 와카和歌는 제대로 된 시로 여겨지지 않았고 한시가 우위에 있었습니다. 그 당시에 '시'라고 하면 한시를 가리켰어요. 우리가 잘 아는 이큐

---

40 勅撰: 칙명에 따라 시가나 산문을 추려 책으로 엮는 행위나 그런 책을 가리킨다.

소준一休宗純이 쓴 『광운집狂雲集』도 한시집입니다. 이런 식으로 열거하자면 구카이와 스가와라노 미치자네[41]를 비롯해 막부 말기의 사상가, 나쓰메 소세키, 모리 오가이森鷗外, 나카지마 아쓰시中島敦까지 한이 없습니다. (웃음) 내가 현재 가장 위대한 작가라고 생각하는 후루이 요시키치 씨가 지적한 바 있는데, 나쓰메 소세키는 소설·하이쿠·한시를 다 쓸 수 있었습니다. 그중 소설이 가장 유명하지만 소설은 이등이고, 사실 수준이 가장 높은 것은 한시였다고 합니다. 고개가 끄덕여지는 이야기입니다. 그야말로 나쓰메 소세키는 짜릿하게 운율을 맞춘 작사가 가능했던 사람이었다는 결론이 나옵니다. (웃음) 농담이 아닙니다. 웃고 넘길 일이 아니지요. (웃음) 일본어를 말하고 쓰는 사람들은 하이쿠와 와카와 한시를 통해 다양한 운율의 묘미를 분담하면서 언어가 지닌 리듬의 향락을 누려왔습니다. 그리스·로마·아랍·중국과 마찬가지로 1,000년 이상 일본인은 라임을 즐겨왔던 것입니다. 우리는 라임 좋아해! 세계도 라임 좋아해! 하하! (웃음)

이소베/ '오오, 이런 운율을 맞추다니, 엄지 척!' 하는 느낌으로 신명을 내곤 했겠지요. (웃음)

사사키/ 그랬겠지요. 역사적인 사실을 보면 무로마치室町 시대[42]에 크게 유행한 렌카[43]는 완전히 프리스타일이라고 할 수 있지요.

---

41 菅原道眞: 845~903, 일본 헤이안 시대의 귀족으로 학자이자 한시인, 정치가로 활동한 인물.
42 1338~1573, 아시카가足利가 지배한 무가武家 정권 시대.

무로마치 시대를 연구한 책에 나오는데 집단적인 신명상태에 들어가 끊임없이 언어를 이어갑니다. 파티를 열고 술을 마시거나 정치적인 항의행동에 들어간 민란 때도 렌카를 지어 사기를 북돋았습니다. 당시 렌카의 제일인자인 니조 요시모토二条良基는 실로 이것을 음악의 고양高揚에 비유했습니다. 모두들 흥이 나 있는데 누군가 '앗, 다음 말이 떠오르지 않아' 하고 머리를 쥐어뜯고 있었더니 손님으로 온 여성 가인—피메일 래퍼female rapper—이(웃음) 갑자기 멋진 노래를 지어 아시카가 요시노리足利義教가 감동했다는 이야기가 기록에 남아 있습니다. (웃음) 더구나 떡이 될 만큼 술을 마시고 토하기도 했어요. 토하는 것은 흥이 아니라 도리어 '도자노에當座會'라고 해서 최고의 흥으로 여겨졌다고 합니다. 차마 눈 뜨고 보기 힘든 일이지만 요즘도 밤마다 세계 각지에서 볼 수 있는 광경이지요. (웃음) 일본 문화도 파티와 시가 밀접하게 관련되어 있던 시기가 있었습니다. 아니, 그런 시기가 더 길었습니다. 운율을 맞추던 시기가 긴 것과 같습니다. 마티네 포에티크[44]를 부르짖던 후쿠나가 다케히코福永武彦는 일본의 시가 운율을 맞추지 않고 있다고 하면서 운율을 재도입하려

---

43 連歌: 일본 고전 시가의 한 양식. 보통 두 사람 이상이 단카의 윗구에 해당하는 5·7·5의 장구와 아랫구에 해당하는 7·7의 단구를 번갈아 읊어나가는 형식으로 대개 100구를 단위로 삼는다.

44 Matinée Poétique: 1942년에 결성한 일본의 시인집단. 말라르메Mallarremé의 상징주의를 중시하고, 정형 압운시定型押韻詩의 아름다움을 주장했다. 주로 소네트 형식의 음악성과 이미지를 추구했다.

고 했습니다. 확실히 그것은 중요한 문제의식이었지만 그들의 시가 성공했는지는 의문스럽습니다. 여하튼 일본어가 운율을 맞추지 않는다는 것은 거짓이고, 라임이 없던 시기는 지극히 짧았습니다.

이소베/ 일본어 랩이야말로 그것의 부활이라고 해야겠군요.

사사키/ 그렇지요. 운율을 맞추지 않은 시기는 잠깐이었다고 생각해야 합니다. 거꾸로 말하면 우리 세대에는 스차다래퍼가 라임을 맞추지 않는다고 비판한 사람이 있었어요. 넓게 보면 유럽에서도 라임이 없어서 플로우, 정확히 말하면 각운이 없어서 운율만으로 성립한 무운시無韻詩, Blank verse라는 것이 있습니다. 크리스토퍼 말로,[45] 셰익스피어, 존 밀턴[46]으로 16세기부터 면면히 이어지고 있습니다.

이소베/ 운율을 맞추지 않았다고 비판받았던 1990년대 스차다래퍼도 지금 주의 깊게 들으면 아주 자연스럽게 라임이 들어가 있어요.

사사키/ 그래요. 미처 깨닫지 못했을 뿐입니다.

이소베/ 그렇지요. 물론 플로우도 중시하고 있고 자음에만 각운을 맞추고 있다든지…….

사사키/ 그건 시를 쓸 때 보편적인 고급기술입니다.

---

45 Christopher Marlowe: 1564~1593, 영국의 극작가이자 시인.
46 John Milton: 1608~1674, 17세기 영문학을 대표하는 청교도 작가인 동시에 위대한 서사시인.

이소베/ 한편 하드코어 일본어 랩이 점점 더 단어끼리 압운을 맞추는 쪽으로 발전합니다. 소마토走馬党라든가 인후미아이구미아이韻踏合組合 같은 힙합 그룹이 등장했는데, 그것은 어떤 의미에서 한시에 가깝습니다. (웃음)

사사키/ 그럴지도 모르지요. (웃음) 따라서 어느 쪽이든 다 좋아요. 고대부터 논쟁은 있었어요. 각운을 엄밀하게 맞추어야 한다는 시인과 그것에서 자유롭고 싶다는 시인 사이에……. 고대 그리스 시대에도 그러했고요.

이소베/ 그 시대부터 규칙이 있었던 겁니다.

사사키/ 있었지요. 고대 그리스어나 라틴어에도 엄밀한 규칙이 있었고, 그 규칙을 둘러싼 논쟁도 있었습니다. 그런 논쟁 자체가 시의 역사입니다. '각운' 또는 '압운' 대 '자유로운 운율'의 대립이라는 이분법을 갖고 역사를 볼 때 비로소 새로운 인식을 얻을 수 있습니다. 다시 말해 이러한 이분법이 성립하지 않은 고대 헤브라이어로 쓴 구약성서 같은 성서는 이분법을 무효로 만드는 근원적인 시로 쓰여 있습니다. 당연히 운율을 맞춘 곳도 있고, 플로우만으로 쓴 곳도 있습니다. 그것은 이 이분법을 거슬러 올라가보지 않으면 알아챌 수 없습니다. 따라서 그런 논쟁이 몇천 년의 시간을 뛰어넘어 오늘날의 일본에 출현했다는 것 자체가 대단하다고 생각합니다. 절단 자체가 연속이며 연속 자체가 절단이었다는 뜻입니다. 인간은 건강하구나, 괜찮은 존재구나 하는 느낌입니다.

이소베/ 오랜 시간을 통해 파악하면 그렇습니다.

일본인은 1,000년 이상 운율을 맞추어왔다

사사키/ '어이쿠, 깜빡 잊고 있었는데 다시 해볼까?' 하는 식이지요. (웃음) 둘 다 즐거우니까요. 라임을 정확하게 맞추는 것도 즐겁고, 플로우만으로 질주하는 것도 즐겁습니다. 그러한 밀고 당기기가 돌아왔을 따름입니다. 여기에서 확실하게 짚어두고 싶은 것은 일본어의 라임은 한시가 주로 담당해왔다는 것, 즉 외국에서 들어온 문화가 담당했다는 것입니다. 실로 일본의 힙합은 외래문화이고, 이것은 한시와 똑같습니다. 외국에서 들어온 문화로 운율을 맞추는 것이야말로 일본어의 전통이라고까지 말할 수 있습니다. 따라서 '우리는 가짜일지도 몰라' 하는 어설픈 자격지심을 느낄 필요는 조금도 없습니다.

아, 독자 여러분, 오해는 말아주십시오. 일본어 랩은 결국 새롭지 않다는 말이 아닙니다. 도리어 일본어 랩이야말로 새롭습니다! 힙합은 원래 그런 문화잖아요. 우타마루 씨와 나눈 대담에서도 신나게 얘기했지만 회귀하거나 계속하는 것, 선조를 존경하며 그 유산을 계승하는 것이야말로 다음 세계로 나아가는 길이라는 것이 힙합의 가르침입니다. 그것이 '신선함fresh'을 취하는 것입니다. 경박하게 쓰고 내버리는 신기함에 뛰어들기만 하는 '새로움new'이 아니라 선조가 남긴 것을 존경하는 것이 '신선함'입니다. '신선함'에는 연속이야말로 절단이고 절단이야말로 연속을 끌어온다는 의미가 깔려 있습니다. 이것이 힙합의 핵심이자 시의 핵심이기도 합니다. 그런 의미에서 힙합을 일본어로 만드는 것은 일본어에도 건강한 행위라고 생각합니다. 나는 시를 쓰지 않지만 다른 식으로 뭔가 해보려고 합니다.

이소베 / 사사키 씨와 이토 세이코 씨가 문학과 힙합에 대해 대담을 나누면 좋겠습니다. 무척 신나는 일일 것 같아요.

사사키 / 대담을 나누고 싶지만 워낙 황송해서……. (웃음) 사실은 일본인이 운율을 맞추지 않았던 시대는 기껏해야 약 100년입니다. 그러니까 나쓰메 소세키 시대부터 1980년대에 일본어 랩이 등장한 시대까지…….

이소베 / 겨우 100년의 공백이군요.

사사키 / 아까 말한 대로 일본인은 1,000년 이상 운율을 맞추어왔기 때문에 그 긴 세월에 비하면 100년쯤 단절이야 있을 수도 있는 일이지요. 그런데 그동안에 한시를 좋아한 사람도 있었고, 유럽이나 아랍의 운율을 즐긴 사람도 적지 않았습니다. 그러니까 100년 만에 예전으로 돌아왔으니 다행이라고 할까요. 나쓰메 소세키 이후만 생각하니까, 또한 협소한 문학의 관념에 갇혀 있으니까 문학은 죽었다는 둥, 일본어에 희망은 없다는 둥 말하는 것입니다. 그런 식으로 근시안적으로 생각하는 것은 단순한 시야 협착에 지나지 않습니다.

인류학 책을 읽으면 두려워집니다. 과연 어디까지 운율을 맞추는 문화가 거슬러 올라갈지 알 수 없을 만큼 인류사적으로 장대한 계속성이 존재합니다. 부단하게 이어 내려오고 있지요. 이러한 지속성이 지금도 우리 눈앞에 신선한 생산력을 보여주고 있습니다. 이것은 우리에게 용기를 주는 이야기라고 생각합니다.

이소베/ 참 좋은 이야기군요.

사사키/ 하지만 나는 단지 자취를 더듬어 '좋은 이야기'를 하고 있을 뿐입니다. 진정으로 라임을 부활시킨 사람들이야말로 위대합니다.

이소베/ 그렇군요. 아까 나카가미 겐지가 살아 있었다면 래퍼 오니의 등장을 퍽 기뻐하지 않았을까 하는 이야기를 하셨는데, 나는 1980년대와 1990년대는 일본의 언어에서 사회성이 탈락한 시대였다고 봅니다. 그것이 일본어 랩, 특히 오늘날 젊은이들이 만드는 곡을 통해 무의식적으로 부활하고 있다는 사실이 흥미롭습니다.

사사키/ 개인을 이야기하는 것이 곧 사회나 세계를 이야기하는 것이라는 자기도취적인 사고가 아니라 개인과 사회의 긴장관계 자체를 랩으로 노래한다는 것입니다.

이소베/ 대중가요라는 관점에서 보면 1970년대까지 노래는 사회를 상징했지만, 지금은 아무리 많이 팔려도 개인을 상징하는 것이 되어버렸습니다. 일본어 랩이 사회와 개인의 연관성을 제대로 노래한다는 점은 훌륭합니다.

사사키/ 정말 그렇습니다. 훌륭한 동시에 건전합니다. 현장에 있는 사람들은 건전이라는 말을 좋아하지 않을지도 모르겠지만……. (웃음) 그래도 그런 노래가 건전하다고 명확하게 말하고 싶군요.

이소베/ 더구나 오니가 나카가미 겐지의 작품을 실제로 읽었는지 안 읽었는지는 모르겠지만, 적어도 참조하지 않았다는 점이 좋습니다. 그런 점에서 '인간은 참 대단하구나', '이렇게 부활하는

구나', '진정으로 골목이 다시 한번 세상에 나오는구나' 하는 느낌입니다.

사사키/ '나카가미 겐지 씨, 골목은 소멸하지 않았습니다.' 마치 이렇게 이야기하는 것 같습니다.

이소베/ 보스 더 엠시[47]는 몇백 년 전에 태어났어도 시인이 되었을 거라고 했고, 도코나엑스[48]는 힙합과 만나지 않았다면 시를 읊지 않았을 거라고 한 적이 있습니다. 이렇게 보면 불량문화와 언어가 만나는 매개로서 힙합의 중요성도 느껴집니다.

사사키/ 힙합의 충격은—흑인의 음악문화가 원래 그렇습니다—시가 생활에서 유리되지 않는다는 점입니다. 블루스를 비롯해 시는 고답적이고 생활에 의거하지 않는다는 관념이 없습니다. 기예를 발휘해 우리의 일상을 언어로 직조해나가면 그것이 바로 든든하고 보편적인 인식이 되고, 함께 싸우는 친구들에게 용기를 주는 언어가 되고, 대중소 모든 스케일로 울려 퍼지는 노래가 됩니다.

그러고 보면 야하기 도시히코矢作俊彦 씨가 에세이에서 아주 재미있게 써놓았습니다. 젊은 시절에 그는 외국 시를 읽고 베끼기도 하면서 시를 썼다고 합니다. 하지만 불량소년이었으니까 친구들에게는 부끄러워서 그 사실을 숨겼다지요. 나중에 프랑스인 친구에게 왕년에 그런 일이 있었다고 이야기했더니 그 사람

47 BOSS THE MC: 1971~, 삿포로를 중심으로 활동하는 힙합 래퍼.
48 TOKONA-X: 1978~2004, 일본 힙합계의 제임스 딘으로 불리는 래퍼.

말이, 프랑스에서는 시를 써서 여자를 꼬이거나 싸움을 거는 일이 흔했대요. (웃음) 야하기 도시히코 씨가 '일본은 그렇지 않다. 시를 쓴다고 하면 싸움 못하는 약골로 여긴다'고 변명했더니, '일본인은 자유롭지 못하구나' 하더랍니다. (웃음) 좀 멋지지 않아요?

이소베/ 재미있는 얘기군요. 일본의 래퍼는 싸움과 시를 양립시킬 뿐 아니라 시를 솜씨 좋게 쓰지 못하면 바보 취급을 당합니다.

사사키/ '야, 너 시도 못 쓰냐? 참 못났다.' 이러지요. 싸움 약한 것보다 더 꼴사납지요. 뭐, 그건 원래 그런 겁니다. 불량한 놈은 씨도 잘 쓰고 싸움도 잘해야 해요.

이소베/ 그렇습니다. 불량소년은 옷도 잘 입어야 하고, 누구보다 언어감각도 뛰어나야 해요.

사사키/ 그 점은 세계 불량문화에 공통적입니다. 고대부터 내려오는 최고의 덕목이 아닐까요.

이소베/ 주먹만 세어서는 궁극적으로 존경받지 못해요.

사사키/ 『도라에몽』에 나오는 퉁퉁이[49]가 그렇지요. 나중에 놀림이나 당하는…….

이소베/ 퉁퉁이는 노래를 잘 못 불러서 그 모양이었군요. (웃음)

사사키/ 앗, 그렇네요! (웃음) 퉁퉁이 리사이틀이 없었으면 더욱 존경받았을 텐데…….

---

49 후지코 F. 후지오가 집필한 어린이 공상과학만화 『도라에몽』에 나오는 등장인물로 난폭한 성격이지만 의리를 지킬 줄 안다. 가수가 되는 것이 꿈인데 노래를 너무 못 부른다.

이소베/ 정말 좋은 노래였다면 좋았을 텐데…….

사사키/ 이름도 얼굴도 닮은 제이지[50]나 자하임[51]처럼 랩이나 노래를 잘했다면 시간이 갈수록 존경받았을지도 모르지요. (웃음)

아래로부터의 세계화

이소베/ 아까 일본어 랩은 수입문화라는 것, 수입문화가 토착화되었다는 것을 이야기했는데, 사실 힙합=미국은 아니겠지요. 그 나라에서도 힙합은 대안문화이기도 했고요. 경제적·정치적 세계화와 힙합의 세계화는 조금 다릅니다. 힙합의 경우는 아래로부터의 세계화라는 말을 하는 사람도 있더군요.

사사키/ 별도의 세계화라는 말일까요?

이소베/ 영국에는 그라임,[52] 브라질에는 발리 펑크Baile Funk, 남아프리카에는 크와이토kwaito가 있습니다. 곡으로 보든 랩으로 보든 상당히 독창적인 힙합이 각 나라에서 독자적으로 발전했습니다. 과연 일본도 토착화의 방향으로 나아갈까요? 내가 흥미

---

50 Jay-Z: 1969~, 미국의 유명한 래퍼로 비욘세의 남편이며, 본명은 숀 코리 카터Shown Corey Carter다.

51 Jaheim: 1978~, 미국의 알앤비 가수이자 싱어송라이터로서 힙합과 알앤비의 경계를 자유롭게 넘나드는 아티스트다.

52 grime: 2000년대 초반 영국에서 발생한 대중음악 장르. 1990년대 초반 영국에서 생긴 전자음악 장르인 UK 개러지와 힙합, 댄스홀 등이 결합된 것이 특징이다.

롭게 여기는 점은 이렇습니다. 일본인은 어디까지나 속물이라고 할까, 어떻게 외래문화를 정착시킬까에 관한 '이끼'[53]를 무척 중시하기 때문에 궁극적으로는 토착화되지 않습니다. 어쩌면 오리콘 차트[54] 상위에 진입하는 울먹이는 랩 같은 것이 토착화일지도 모르겠지만…….

사사키/ 글쎄요. 나는 에도문화를 이상화하는 입장도, 폄하하는 입장도 별로 마음에 들지 않습니다만……. 쇄국문화가 보편적인 가치를 갖는 일도 있기는 있지요. 가쓰시카 호쿠사이[55]나 지카마쓰 몬자에몬[56]은 세계적인 수준이었고 동시대의 문화를 보더라도 엄청났지요.

이소베/ 갈라파고스화[57] 현상이라고나 할까요.

사사키/ 오규 소라이[58]도 이토 진사이[59]도 당시에는 세계적인 수준이었다고 합니다. 쇄국 상황이라 외래문화가 없으니 스스로 해낼 수밖에 없었지만, 그래도 훌륭한 문화를 키웠지 않습니까. 『타임』지 선정 '세계사의 100인' 중에 가쓰시카 호쿠사이가 들

---

53 粹: 에도 시대 미의식의 하나로 몸가짐이나 행동이 세련되고 멋있게 느껴지는 것.
54 1968년부터 음악 정보 서비스를 제공해온 오리콘사가 발표하는 일본의 음악 차트로 미국의 빌보드 차트, 영국의 UK 차트와 함께 세계 3대 음악 차트로 일컬어진다.
55 葛飾北齋: 1760~1849, 에도 시대에 활약한 목판화가로 우키요에의 대표적인 작가.
56 近松門左衛門: 1653~1725, 에도 시대를 대표하는 조루리淨瑠璃(반주에 맞춘 낭송으로 들려주는 서사의 한 장르) 작가이자 가부키 작가.
57 갈라파고스 섬에서 독자적인 진화가 이루어진 것처럼 기술이나 서비스 등이 일본 시장에서 독자적인 방향으로 진화해 세계 표준과 동떨어지는 현상.
58 荻生徂徠: 1666~1728, 일본의 유학자이자 사상가, 문헌학자.
59 伊藤仁齋: 1627~1705, 일본의 유학자이자 사상가.

어갔지요.

이소베/ 이런 문화인을 현대에 대응시키면 오타쿠가 될까요?

사사키/ 글쎄요. 어떨까요?

이소베/ 다만 쇄국이라고는 해도 중국과는 교류가 있었지요. 저 둔중하고 커다랗고 장구한 역사를 가진 나라로부터 엄청난 영향을 받았습니다. 그런 문화를 발전시켰다는 점에서는 오늘날 미국과의 관계와 별반 다를 바 없지요.

사사키/ 쇄국이라고 하지만 철저한 쇄국이 아니었다는 것이 현실이었으니까요.

이소베/ 그런 점은 있었지요.

사사키/ 당시 화가들도 중국이나 서양의 회화가 어떠한지 실제로 신경을 썼을 테니까요.

이소베/ 그런데 앞으로 미국이 점점 힘을 잃으면 어떻게 될까요?

사사키/ 어려운 문제입니다. 미국 같은 거대한 '제국'이 와해된다면 주변의 문화도 무사하지는 못할 테니까요. 또한 좀 거침없이 이야기하자면, 중국에서 힙합이 널리 퍼질 가능성도 있습니다. 그 나라는 운율의 문화가 강렬하니까요.

이소베/ 힙합이라고 하면 이미 한국이 대단한 경지에 올라섰습니다.

사사키/ 맞습니다. 『사람은 노래하고 통곡하네, 큰 깃발 앞에서—한시의 마오쩌둥 시대人は歌い人は哭く大旗の前—漢詩の毛沢東時代』라는 훌륭한 책이 있습니다. 마오쩌둥 시대에 지식인은 탄압을 받았지요. 그때 중국에도 모던한 자유시, 운율의 규칙 따위는 무시해

도 좋으니까 자유롭게 쓰려는 시가 있었습니다. 그런데 막상 지식인들이 감옥에 갇히거나 농촌으로 하방을 당해 스스로를 격려하거나 위로하기 위해 시를 썼을 때 그것은 운율을 맞춘 시였다고 합니다. 인텔리 속물이었을 때는 운율을 버렸는데 말입니다. 그런 점에서 운율이란 '토착적인 것'일지도 모릅니다. 오랜 옛날부터 신체에 스며든 집요한 향락이나 즐거움이 뼛속 깊이 자리 잡고 있습니다.

이소베/ 운율을 맞추는 쾌락 자체는 외부에서 온 것이 아니라 토착적이라는 말인가요?

사사키/ 이 얘기를 깊이 파고들면 라캉의 논의까지 흘러갑니다. 언어유희라든가 말장난 같은 것은 근원적으로 유쾌하지요. 이 두 가지가 없는 문화는 존재하지 않습니다. 물론 시적이지 않은 언어도 존재하지 않고요.

이소베/ 본래적으로 쾌락 체계로서 인간의 신체에 갖추어져 있다는 말이군요.

사사키/ 그렇습니다. 그것은 정치적인 탄압을 견딜 때조차 양식이 되어줍니다. 인간 신체에 착 들러붙어 있지요. 아, 그런데 이 책이 재미있는 이유가 또 하나 있습니다. 민중이 마오쩌둥과 장제스 중에 왜 마오쩌둥을 지지했느냐 하면, 장제스는 군인 출신인데다 한시를 읽지 못했기 때문이라고 합니다. 사실 여부는 모르겠지만 민중이 보기에 장제스는 운율을 못 맞추는 인물로 보였다는 것입니다. 반면 마오쩌둥은 시를 잘 읊었지요. 그 점이 높이 평가받은 듯합니다.

이소베/ 어이쿠, 운율 때문에 승리했다는 말인가요?

사사키/ "지식인에게는 시문詩文을 좋아하는 혁명가, 대중에게는 학식이 있는 정치가, 이것이 무엇을 의미하는지는 이 나라 사람이라면 누구라도 알고 있다." 이 책에는 이렇게 쓰여 있습니다. 시문을 좋아하지 않는 자는 혁명가일 수 없다는 말이겠지요. 세계 역사에서 가장 힘들다는 '과거' 시험에도 시작詩作이 들어 있었으니까요. 중국 역사상 한시의 최전성기는 당나라 시대였습니다. 그 시대에는 과거를 볼 때 '시 읊기'가 가장 중요했습니다. 시를 지을 수 있는 능력이 정치능력이나 통치능력과 관계있다고 본 것입니다. 시험 중에는 프리스타일도 있었지요. 마오쩌둥이 가장 기뻐한 별명—그러니까 'a.k.a.'60인데요(웃음)—은 '문인'이었습니다. 말하자면 '마오쩌둥 a.k.a. The 문인'입니다. 나는 중국어를 모르지만 마오쩌둥의 시는 꽤 괜찮다고 하더군요. 유장한 중국사 가운데 뛰어난 시인은 셀 수 없이 많으니까요. 상대적으로 괜찮은 편이라는 얘기겠지요.

이소베/ 이시하라 신타로와 비교하면 어떨까요? (웃음)

사사키/ 글쎄요. 그래도 일개 도지사와 중화인민공화국이라는 대국의 창설자를 비교하는 것은 객관적으로도 무리가 있지 않을까요? (웃음)

---

60 'also known as'의 약어. 즉 '~로 알려지다', '또 다른 이름', '별명'이라는 뜻.

수입문화를 긍정하다

이소베/ 나는 수입문화도 긍정하고 싶습니다. 아카시 마사노리明
石政紀의 『제3제국과 음악第三帝國と音樂』에 따르면 나치 장교의 아
들 중에는 적국의 음악이자 퇴폐의 상징인 재즈를 좋아하는 스
윙 유겐트라는 불량집단이 있었고, 그들은 모범생인 히틀러 유
겐트와 주먹다툼을 벌였다고 합니다. 나는 이 에피소드를 좋아
하는데, 한마디로 수입문화는 현상現狀에 대한 저항일 수 있다
는 것입니다. 현상은 선택할 수 없지만 수입문화는 선택할 수 있
지 않습니까. 일본과 미국의 정치적 관계를 생각하면 좀 복잡하
지만, 불량집단이 보기에 미국이란 '이곳이 아닌 어딘가'의 상징
이 아닐까요.

사사키/ 실로 미국이야말로 '이곳이 아닌 어딘가'의 상징을 찾아
이민을 온 사람들의 나라가 아닙니까.

이소베/ 역사가 없는 나라입니다.

사사키/ '이곳이 아닌 어딘가'를 지나치게 추구한 나머지 잘못된
방향으로 나아갔지만요. 이라크 전쟁 당시에도 제국주의적 개입
이 불가능한 상황인데도 사우디아라비아와 일본으로부터 자금
을 제공받아서까지 전쟁을 벌이겠다는…….

이소베/ 나라로서는 문제가 있다는 생각도 들지만, 미국의 문화적
매력에는 저항하기 힘든 면이 있지요.

사사키/ 머미디 씨는 "미국의 힙합을 무척 좋아하면서도 미국은
엄청 싫어했지" 하고 술회한 적이 있습니다. 이런 심경은 힙합뿐

아니라 미국 문화와 마주친 사람들이 뼈저리게 느끼는 바입니다. 다만 '이곳이 아닌 어딘가'라는 운동 자체라는 점에 '미국'의 가능성이 있습니다. 그것이야말로 '미국' 그 자체니까요. 오늘날 속수무책으로 이중적인 미국 정부나 정책과는 별도로 말입니다.

이소베/ 그렇고말고요.

사사키/ '이곳이 아닌 어딘가'라는 의미에서는 아직도 '아메리칸 드림'이 건재할지도 모릅니다.

이소베/ 그렇기 때문에 전후의 불량문화가 미국을 강렬하게 동경한 것은 전시체제의 일본 정책에 대한 반발이었다고 봅니다. 그것이 전후 일본의 왜곡을 낳고 말았다는 측면에서는 전면적으로 좋다고는 할 수 없지만……. 뭐, 미국 정부나 미국 문화는 등가가 아니니까요.

사사키/ 미국이 곧 꿈은 아니지요. 지금의 미국을 꿈꾸는 것이 아닙니다. 아메리칸 드림이라는 말이 다른 나라를 무참하게 짓밟고 희생시키면서까지 자국의 '민주주의'와 '부'를 지키겠다는 방자한 정당화가 아니라 다른 뜻이 있다고 한다면, 그것은 실로 '이곳이 아닌 어딘가'로 탈출하는 운동성 자체일 것입니다. 미국인이 현재의 제국주의적 미국에서 벗어나려는 생각이 없다면, 다시 말해 자기 변용을 이루어낼 힘이 없다면, '너희야말로 아메리칸 드림을 잃어버렸다', 이렇게 말할 수 있지 않을까요? 몇 번이나 강조하지만 우리는 마음속 깊이 미합중국의 문화적 잠재성을 인정하면서도 이렇게 이야기할 수밖에 없습니다. ……정말 역설적이게도 세계의 팝음악 가운데 일본과 프랑스의 음악이 가장 리듬감이 나쁘다고 합니다. 엔카와 샹송 말입니다. 이 것은 거스를 수 없는 전통이라는 말까지 들어왔습니다. 하지만 미국에 이어 미국 힙합의 소비자, 자국 힙합의 생산자로서 2위 와 3위를 다투는 것이 바로 프랑스와 일본입니다. 지금까지 몰 랐던 것을 힙합 덕에 알게 되면서 자기 변용을 이루어내고 있는 셈입니다.

이소베/ 랩 프랑세(프랑스산 힙합)는 늘 활기차고 퍽 직설적으로 힙 합을 체현하고 있습니다.

사사키/ 그렇습니다. 프랑스 시에는 1,000년의 역사가 있고, 일본 시에는 그보다 더 긴 운율의 역사가 있습니다. 그것이 다른 방 식으로 활성화하고 변용하고 있지요.

이소베/ 랩 프랑세와 일본어 랩이라는 용어는 공통적으로 '랩'을 강조한다는 점이 흥미롭습니다. 모국어로 어떻게 운율을 맞추느 냐 하는 점을 랩의 아이덴티티로 삼기 때문이겠지요. 물론 문법 이나 언어 구조는 프랑스어가 일본어보다 훨씬 더 영어에 가깝 지만, 랩 프랑세를 들으면 독특한 접두어 등을 잘 살리고 있더군 요. 실은 미국의 랩 자체는 꽤 이전부터 운율보다 플로우로 비중 을 옮겼기 때문에 랩 프랑세는 살짝 예스럽게 들리기도 합니다.

사사키/ 랩 프랑세도 1990년대적인 사운드를 계속 고집해왔을지 도 모르겠네요. 팀벌랜드[61]는 아직 괜찮은가요? 그 이후에…….

---

61 Timbaland: 1972~, 미국의 힙합·알앤비 프로듀서 겸 가수로 1990년대 가장 실력 있는 음악 프로듀서였다.

이소베/ 미국의 남부는 힙합 이전의 펑크로 회귀하고 있어요. 얼마나 낮게 울리는 소리로 펑키 플로우를 만들어내느냐……. 뭐, 이건 이것대로 재미있습니다.

사사키/ 재미있지요. 쉬지도 않고 끊임없이 음악이 계속 나오는구나 싶어요. 바닥나지 않는 블랙박스를 갖고 있지요. 정체했다 싶으면 앗 하고 놀라운 것이 튀어나옵니다.

이소베/ 다만 라임이나 포엠poème이라는 표현의 정수에서는 벗어나 있습니다. 한편 프랑스와 일본은 어쩐지 라임이나 포엠에 계속 매달리고 있습니다만…….

사사키/ 계속 매달리지 않으면 안 될 필연성이 있다면 오히려 좋은 것이 아닐까요? 라임에 힘을 쏟아야 한다는 현상이 있다면, 자신과 사회의 긴장관계를 그 예술 형식으로 표현할 수 있고, 또 표현하고 싶은 것이 정상이고 건전합니다. 조금도 이상하지 않지요. 단적으로 아버지가 서른 전후일 때보다 서른에 가까운 자기 생활이 훨씬 더 고통스럽고 괴롭고 견디기 힘든 보통 남자의 상황을 노래한 것이 얼마든지 있습니다.

이소베/ 그렇습니다. 아주 자연스러운 일입니다. 최근의 제이랩이 자신의 내면으로 향해 있다면, 일본어 랩은 '아니야, 바깥에도 세상이 있어' 하고 당연한 말을 하고 있으니까요.

사사키/ 정말 그래요. 무척 당연하고도 상식적인 말을 한다는 것은 훌륭합니다. 상식적이라는 말에 시다 씨는 얼굴을 찌푸릴지도 모르겠지만요. (웃음) 그래도 아까 말한 것처럼 이것은 인류사적인 차원에서 말하는 건전함이랍니다.

마약

이소베/ 일본어 랩에 마약이 상징으로서 자주 등장하는 것은 적어도 팝이 되지 않겠다는 표현이라고 생각합니다. 그것은 사회적 대립이나 마찰에 의해 사회를 묘사하는 점에서 재미있습니다. 그래서 허슬러 랩에 주목하고 싶습니다.

사사키/ 마약은 '손을 대서 좋은 것도 아니고, 손을 대지 않는다고 좋은 것도 아닌' 신기한 요물입니다.

이소베/ 마약이라는 말 자체가 정치적이지요.

사사키/ 한데 싸잡아 하는 말, 억압하기 위한 말입니다. 이 문제는 어렵습니다. 왜냐하면 도박이니까요. 대마는 자연적인 허브니까 괜찮다면서 계속 피우던 선배가 있었는데 마흔 살에 지능이 떨어져 글씨도 못 쓰게 되었습니다. 한편 몇십 년이나 대마를 피워도 멀쩡한 사람이 있을 뿐 아니라 창조성과 대마를 연관시키는 사람도 있지요. 마약은 사람마다 효과가 달라요. 이를테면 앙토냉 아르토[62]라는 작가는 어릴 때 뇌수막염에 걸려 평생 두통에 시달렸습니다. 그는 유전성 질병도 있었던 듯 통증이 심해 헤로인을 투여하지 않으면 발광했다고 합니다. 그는 만년에 의사에게 "헤로인을 그만 끊고 싶소" 했더니 "당신의 몸은 하루에 치사량의 헤로인을 섭취하지 않으면 죽을 테니 그런 생각일랑

---

62 Antonin Artaud: 1896~1948, 프랑스의 극작가이자 시인, 배우로서 초현실주의 운동에 동참했다.

마시오" 하는 답변을 듣고 절망했습니다. 그는 20세기 프랑스 최고의 극작가이자 사상가였습니다. 고통과 절망으로 가득 찬 그의 인생은 위대한 예술을 남겼지요. 라캉은 젊은 앙토냉 아르토를 진찰하고 '더는 글을 쓸 수 없다'고 말했지만 그는 마약 덕분에 글을 쓸 수 있었습니다. 앙리 미쇼,[63] 게오르크 트라클[64]도 유사한 유형입니다.

반대로 앙토냉 아르토와 마찬가지로 광기로 유명한 니체는 마약뿐 아니라 취기에 빠뜨리는 것은 죄다 싫어했습니다. 술도 마시지 않았어요. "나는 토리노의 샘에 있는 물로도 취할 수 있다"고 큰소리쳤다지요. 결국 마약이란 알 수 없습니다. 마약과 '접촉'함으로써 아티스트의 창조성을 발휘하는 유형인지 폐인이 되어버리는 유형인지 누구도 알 수 없습니다. 그러니 도박을 할 수는 없지요. 물론 지금 이야기하는 것은 넓은 의미의 마약입니다. 담배나 술, 심지어는 초콜릿까지 포함해서요.

이소베/ 몸을 생각하면 마약은 손대지 말아야 합니다. 내가 하려는 말은 마약이 차지하는 사회적 위상입니다. 외부에 놓여 있기 때문이야말로 그것과 '접촉'할 때는 사회를 인식할 수밖에 없습니다.

---

63 Henri Michaux: 1899~1984, 20세기 중반에 활동한 프랑스의 시인이자 화가로 꿈이나 환상 또는 환각제의 힘을 빌려 내면세계를 탐구했다.
64 Georg Trakl: 1887~1914, 오스트리아의 시인으로 제1차 세계대전 종군 중 코카인 과다 복용으로 사망했다.

사사키/ 시다 씨도 말한 바 있는데, 마약을 하면 아티스트가 될 수 있다고 착각하는 쓰레기 같은 놈이 많습니다. 분명 그렇겠지요. (웃음)

이소베/ 그러나 그들도 체포당할 때는 생각할 것이 아닙니까? '나는 과연 나쁜 짓을 한 것일까?', '나쁜 짓이란 도대체 무엇일까?' 하고요. 그럴 때 반성해도 좋고 반성하는 척만 해도 좋은데, (웃음) 사회의 안쪽과 바깥쪽, 그 사이의 벽으로 존재하는 법의 구조를 인식할 수밖에 없는 편이 더 낫다고 생각합니다. 아무런 의문도 품지 않고 무자각으로 지내는 것보다…….

사사키/ 아, 이제 알았어요. 마약이 사회의 바깥쪽에 놓여 있기 때문에 법이나 사회와 충돌하는 계기로 기능한다는 말이군요. 법을 어떻게 생각할까 하는 문제인데, 어쨌든 그게 없으면 좀 생각하기 힘들지요. 한편 법은 고칠 수 있기 때문에 변혁의 축이 될 수도 있습니다.

이소베/ 물론 법은 인간이 만든 것이니까 완전할 수 없고 수정해 나가야 합니다. 하지만 도덕을 구현한 법률이 인간 삶의 기반이라는 점은 부인할 수 없지요.

사사키/ 마약 옹호파인 이소베 씨 이야기를 들으면 왠지 설득력이 있습니다. (웃음)

이소베/ 나는 마약 해방론자는 아닙니다. 오히려 표현은…….

사사키/ 규제해달라는 거죠?

이소베/ 역설적이지만 그렇습니다. (웃음) 솔직히 말해 대마에 관해서는 일본도 조금 완화해도 좋지 않을까요?

사사키/ 프랑스도 샹젤리제 거리에서 보란 듯이 대마를 연해 뻑뻑 피워대는 정도가 아니면 잡아가지 않으니까요.

이소베/ 런던도 소지만으로는 체포당하지 않지요.

사사키/ 대마 소지는 체포 요건이 아니라고 형법에 쓰여 있다면 스코틀랜드 야드[65] 앞에서 피우지 않는 한 체포되지는 않겠지요. 런던에 가본 적은 없지만. (웃음)

이소베/ 미국은 주州마다 다른데 캘리포니아는 거의 합법입니다. 애초에 대마를 마약으로 취급하는 나라는 일본뿐입니다. 하드 드럭[66]은 별도지만…….

사사키/ 그렇지요. 그런데 일본어 랩 이야기를 하다가 옆길로 샌 것 같은데? 이대로 가다가는 딴 얘기만 하겠어요. (웃음)

이소베/ 그럼 억지로 대담으로 돌아오지요. (웃음) 자료를 통해 일본어 랩의 위태로운 점을 지적했듯 내셔널리즘이나 여성 혐오 등은 휩쓸리기 쉬운 표현입니다. 그들 자신은 정의의 편에 서 있다고 생각할지 모르겠지만, 사실은 보수적인 경향에 사로잡혀 보수주의에 회수되고 있지요.

사사키/ 확실히 그런 점은 있습니다. 실제로 아주 위험한 대목이 지요. 힙합은 어차피 수입문화라고 보면 내셔널리즘은 성립하지 않겠지만……. 아, 잠깐만! 혹시 내가 이제까지 한 이야기도 '일본어는 훌륭해, 운율도 있어' 하는 식으로 언어 내셔널리즘

---

65 Scotland Yard: 런던경찰국의 다른 명칭.
66 hard drug: 헤로인이나 모르핀처럼 마약 중에서 습관성이 강한 것.

에 이용당할 수도 있겠는데요. (웃음) 내 말은 그게 아니에요. 오해의 여지가 없도록 얘기하려고 했는데······. 예컨대 전형적으로 한냐般若가 작사한 〈우리의 야마토オレ達の大和〉의 랩은 다들 내셔널리즘이라고 생각하겠지요? 하지만 엄밀하게 한 글자 한 글자 따져보면 '이런 전쟁은 두 번 다시 일어나서는 안 된다'는 메시지가 담겨 있습니다. '다시 한번 전쟁하자'는 말은 한 마디도 없어요.

이소베/ 그럴지도 모르겠지만 '다시 한번 전쟁하자'는 생각을 품은 사람들에게 이용당하기 쉬운 언어이기는 합니다.

사사키/ 내가 한 발언도 그런 사람들에게 이용당하기 쉽겠군요. (웃음) 일본어를 사랑하는 것도 사실이니까요. (웃음) 어떻게 수용할지를 생각하기는 어렵습니다. 한냐 씨 자신은 그렇게 경솔하지 않다고 봅니다.

이소베/ 현대 일본에서는 내셔널리즘도 보수주의도 다 나쁘다고 생각하지만, 영화 〈남자들의 야마토/YAMATO男たちの大和/YAMATO〉는 이 점까지 생각하고 있지는 않아요. 그러니까 이용당해서는 안 된다고 말하고 싶군요.

내셔널리즘

사사키/ 그렇습니다. 한냐 씨의 랩은 아슬아슬하게 선을 넘지 않는 결벽증적인 운율입니다. 하지만 듣는 사람은 그렇게 들어주지 않지요. 흑인음악에도 조예가 깊은 사카이 다케시酒井隆史라는 사상가가 있습니다. 그는 성실하지만 살짝 혼란스럽게 '일본의 힙합은 내셔널리즘과 결합하기 쉽다'고 말한 적이 있습니다. 그러자 우타마루 씨가 화를 내며 그렇게 단순한 문제가 아니라고 반박했습니다. 그러나 우타마루 씨답지 않다고 할까, 그의 논리는 명석하지 않았고 제대로 된 반론으로 보이지 않은 것도 사실입니다. 내가 잘못 이해했을 뿐일지도 모르겠지만……. 옹호하고 싶지만 제대로 옹호하지 못하는 한냐 씨처럼, 일단 심정적으로는 우타마루 씨 편을 들고 싶습니다. (웃음) 그렇지 않은 일본어 랩의 측면을 바라니까요.

이소베 / 역시 일본어 랩이 내셔널리즘과 결합하기 쉬운 측면을 부정할 수는 없습니다. 그리고 일본어 랩이 지닌 그러한 위험성을 이야기해야 하지 않을까요?

사사키 / 원래 랩은 '제국' 미국의 소수자 문화입니다. 더구나 실로 미국 국내의 오리엔탈리즘이라고 할까요. 그것은 미적으로만, 즉 예능·문화·스포츠를 통해서만 인정받을 수 있는 사람들의 문화입니다. 아무리 성공하고 돈을 많이 벌어도 차별 구조는 그대로 있습니다. 미국의 소수자 중에는 소수자라고 해도 경제적으로는 윤택하지만 변함없이 억압당하는 사람들이 있습니다. 일본어 랩은 이런 사람들의 문화를 동경하고 그것에 영향을 받았습니다. 그것은 현기증이 날 만큼 뒤틀리고 또 뒤틀려 있지 않나요? 그런 입장을 선택한 주제에 일본의 내셔널리즘이 요구하는 단일민족과 단일국가의 순수성 신화를 자신에게 적용시킬 수 있을까요? 그렇다면 지극히 괴이한 일이겠지요. 요즘 누가 그러겠느냐고 생각할지 모르겠지만 이러한 '괴이함'은 몇 번이라도 확실하게 이야기해야 합니다.

이소베/ 괴이한 일입니다.『힙합 제너레이션』에도 쓰여 있듯 미국 힙합의 경우라면 흑인 내셔널리즘의 연장선 위에 있기 때문에 자연스럽다면 자연스럽습니다. 하지만 그것을 그대로 일본에 적용시키면 일본인은 일본 국내의 다수자이기 때문에 재일외국인이나 소수자의 차별로 이어집니다.

사사키/ 그렇습니다. 단적으로 WASP[67]에 대한 소수자로서 일본인과 흑인을 동렬에 놓을 수는 없습니다. 우타마루 씨와 나눈 대담에서도 말했지만, 우리는 그들처럼 흑인노예로 팔려와 강제수용소에 갇혀 뿌리 뽑힌 역사가 없으니까요.

이소베/ 1960년대부터 1990년대까지 일본의 흑인음악 취향은 기껏해야 중산계급의 속물 젊은이가 미국 흑인에게 감정을 이입함으로써 다른 관점을 획득하는 것이었습니다. 2000년대에 들어와서야 미국의 흑인과 비슷한 위상에 놓인 피차별 계급 젊은이가 목소리를 내기 시작했고, 이는 중요한 전환점이었습니다.

사사키/ 제2기에서 제3기로 넘어갔다는 말씀이군요. 랩이 국내에서 차지하는 위상이 달라졌다는 말씀이고요.

이소베/ 1980년대 말 이른바 PC[68]가 한창 활발했을 때 존 러셀

---

67 앵글로색슨계 백인 신교도White Anglo-Saxon Protestant의 약어로 경멸의 어조를 담고 있다.

148

John Russell 같은 흑인 학자는 "일본인이 향수하고 있는 흑인문화는 단순한 이국 취향에 불과하다"고 비판했습니다. 어떤 의미에서 그것은 일본어 랩에도 들어맞습니다만, 적어도 오나나 아나키는 더욱 깊은 곳에서 흑인문화와 공명하고 있습니다.

사사키/ 존 러셀의 비판은 경청할 만한 가치가 있습니다. 하지만 그는 한 측면밖에 보지 못했어요. 그의 어법에 따르면 우리도 자포니즘[69]을 비판할 수 있습니다. 필요에 따라서는 명확하게 비판해야 할 때도 있을 겁니다. 그렇다고 고흐나 피에르 보나르,[70] 모네의 회화작품을 전부 부정할 수는 없습니다. 다만 '괴이함'이 문제입니다. 내셔널리즘이나 오리엔탈리즘과 공명할지도 모르는 괴이함……. 이제까지 우리가 이야기한 괴이함이 통틀어 중요합니다. 결국 괴이하니까 좌우상하를 막론하고 일본어 랩을 들어보라는 이야기입니다. (웃음)

이소베/ 괴이함은 중요합니다. 왜냐하면 오늘날에는 좌편향도 안되고, 우편향도 안 되고, 가운데도 안 되고, 온통 사방이 지뢰밭입니다. 괴이함이란 어느 쪽에도 기울지 않고 아슬아슬하게 균형을 잡고 재빨리 빠져나가는 것입니다. 앞으로 가능성이 있다

---

68 political correctness: '정치적 올바름'이라는 뜻으로 다문화주의multiculturalism를 주창하면서 성차별이나 인종차별에 근거한 언어 사용이나 활동을 바로잡으려는 운동.
69 Japonism: 19세기 중반~20세기 초에 걸쳐 서양 미술 전반에 나타난 일본 미술의 영향과 일본적인 취향 및 일본풍을 즐기고 선호하는 현상.
70 Pierre Bonnard: 1867~1947, 19세기 말 고갱의 영향을 받은 젊은 반인상주의 화가집단인 나비파Nabis派의 한 사람으로 '색채의 마술사'로 불린 프랑스 화가.

면 이것뿐입니다.

사사키/ '안주安住'야말로 적敵입니다. 좌左에 안주해도, 우右에 안주해도 비참해질 따름이라는 것은 근래 100년의 역사가 증명해줍니다.

이소베/ 그것이 결론입니다.

사사키/ 괴이함을 괴이함 그대로 체현한다면 일본어 랩은 건전하다고 봅니다. 현재 시다 씨가 말한 것은 이소베 씨나 나도 전면적으로 납득할 수 없어요. 그렇다고 그가 자신의 입장에 안주하고 있는 것은 아닙니다. '나는 완벽하지 않아', '날카롭게 날 추궁해봐' 하고 랩을 하고 있으니까 본인에게 물어보면 되겠지요. (웃음)

이소베/ 맞아요. 그런 랩이 있더군요.

사사키/ 클럽에서 만난 사람이 술에 잔뜩 취해 자기 말을 들어줄 수 없다면 다시 한번 말하면 되잖아요. 끈질기게 들려주는 근성이야말로 경계인의 자질이라고 생각합니다. 이 글의 독자를 향해 말하고 싶은 것은 적어도 여기에는 일본어라는 언어의 모험과 가능성을 건 싸움이 있다는 것입니다. 힙합은 방에 틀어박혀 아버지가 남겨준 레코드를 가지고 만드는 음악이니까 오타쿠 중에서도 오타쿠 문화인 동시에 무지막지한 은둔형 외톨이 문화입니다. 그런데도 세계를 향해 폭발적으로 열려 있습니다. 이 엉뚱하게 드넓은 폭을 지녔기 때문에 '괴이함'도 품고 있습니다. 이 점을 자각해야 합니다. 그렇기 때문에 유쾌하고 통쾌하고 즐겁습니다. 이 글을 게재한 잡지(『사이조サイゾー』[71])의 독자층은

사회에 배신당한 세대가 아닙니까. 사회가 부여해준 인생 시나리오를 도중에 몰수당한 세대라고 할까요. 나는 대학에서 가르치는 입장이기 때문에 잘 압니다. 오늘날 젊은이들의 취직 상황은 차마 말로 하기 어려워요. 그런 사람들이 일본어 랩을 들었으면 좋겠습니다. 거기에는 현실이 있으니까요.

거칠어서 좋다

이소베/ 최근 나오는 인디 랩에는 그런 배경이 있습니다. 사회를 더는 신용할 수 없으니 자기들끼리 해나갈 수밖에 없다고 노래하지요. 2000년대 초 무렵에는 좋은 점이 있어도 결국 내셔널리즘으로 빠지고 마는 일본어 랩에 절망하기도 했지만…….

사사키/ 아, 나도 그랬어요. 애써 절망하지 않으려고 이리저리 머리를 굴리다가 한때는 일본어 랩을 듣지 않기도 했습니다.

이소베/ 그러다가 아나키의 첫 번째 앨범과 시다의 〈꽃과 비〉가 나왔을 때 이 사람들은 참시인이구나, 희망이 보였지요.

사사키/ 괜찮은 랩이라고 생각했어요. (웃음) 물론 여러 면에서 거칠기는 했지만…….

이소베/ 그래도 거칠어서 좋았어요. 어째서 거칠었느냐 하면, 누

---

71 일본어로 사이조才藏란 만담에서 주연자의 상대역을 하는 익살 광대 또는 교묘하게 맞장구를 잘 치는 사람을 경멸해서 일컫는 말이다.

군가로부터 사상을 계승하지 않고 스스로 사상을 수립했기 때문이거든요.

사사키/ 맞아요. 질 들뢰즈가 존 매켄로[72]에 대해 재미있는 말을 했어요. 존 매켄로의 경기력은 강하지만 치는 폼이 별로인 데다 안짱다리라고요. (웃음) 더구나 그는 마지막에 졸개 같은 선수에게 패해서 왕관을 뺏겼습니다. 하지만 질 들뢰즈는 존 매켄로가 아무리 추레하게 보여도 그 사람이야말로 참된 의미에서 새로운 테니스를 탄생시켰기 때문에 위대하다고 말했어요. 그와 마찬가지로 진정한 의미에서 새로운 것을 '창조'하는 인간은 거칠고, 세련되지 못하고, 몰골스럽게 보일 때가 있습니다. 전례가 없기 때문에 몸부림치면서 무모한 짓을 할 수밖에 없지요. 따라서 온실 속 화초 같은 우등생보다 산뜻하지 못하고 거친 것은 당연합니다. 그러니까 훌륭하다는 것이 바로 예술art의 본질입니다. JB의 댄스도 지금 보면 결코 세련돼 보이지 않을지 모르지만, 그가 그런 식으로 춤을 추지 않았다면 마이클 잭슨의 화려한 댄스나 미국의 다양한 쇼비즈니스의 댄스도 없었을 것입니다. 그런 뜻에서 일본어 랩의 '거칢'도 긍정해줄 수 있다고 봅니다. 흑인 흉내를 낸다든가, 모자를 건방지게 썼다든가, 보기 싫게 헐렁한 옷을 입었다는 표층적인 점은 다 괄호에 넣고, 일단 음악을 진심으로 들어주기 바랍니다. 일본어 랩은 인류사적 차

---

72 John McEnroe: 1959~, 세계 랭킹 1위에 올랐던 미국의 테니스 선수.

원의 보편적인 지점에 도달하려고 도전하고 있습니다.

이소베/ 표층적으로는 일단 흉내를 내는 것이 중요합니다. 누구나 다른 사람의 흉내를 내니까요. 오히려 당당한 편이 보기 좋습니다. 이것과 사상적인 독창성은 다른 얘기지만……

사사키/ 아까 말한 '온실 속 화초 같은 우등생'이라는 뜻과는 별개로 '가짜'인 것은 상관없습니다. 흉내는 문제가 되지 않아요. 가짜도 좋습니다. 우타마루 씨와도 대담을 나누었지만—뭐 힙합 이야기라서 똑같은 얘기가 되어버리는 것도 어쩔 수 없네요—이 점을 또렷하게 발언한 사람은 사카구치 안고[73]입니다. 「일본문화사관日本文化史觀」이라는 에세이에서 일본에 와 있는 서양인이 참된 일본 문화를 잃어버렸다고 개탄하는 것에 대해 그는 반발합니다. 유럽 사람은 우리가 어울리지 않는 양복을 입고 안짱다리로 털럭거리는 구두를 신고 걷는 것이 꼴사납다고 말하지만, 비록 가짜라고 해도 그것이 우리의 생활, 실제 삶인 이상 부끄러워할 것은 없다고 말입니다. 그는 오히려 비웃는 쪽이 이상하다고 합니다. 타자로부터 물려받은 문화가 지금은 자기에게 꼭 맞을 때가 있습니다. 그런 식으로 비웃는 유럽의 문화도 실은 어디에선가 빌려온 가짜니까요. 우리는 여러 가지를 교환하고, 영향을 주고받음으로써 가짜의 가짜의 가짜로서만 문

---

73 坂口安吾: 1906~1955, 일본의 소설가이자 평론가. 순수문학부터 역사소설, 추리소설, 에세이에 이르기까지 다채로운 영역에 걸쳐 활동했으며, 대표작으로 『타락론堕落論』, 『백치白痴』 등이 있다.

화를 쌓아나갑니다. 가짜냐 가짜가 아니냐 하는 문제가 아닙니다. 무언가의 가짜든 상관할 바 없지요. 올바른가 올바르지 않은가? 리얼한가 리얼하지 않은가? 이것이 문제겠지요.

이소베/ 그렇기 때문에 좋은 것이라는…….

사사키/ 가짜가 뭐가 어때서요? 얼마든지 당당해도 좋습니다. 도리어 사카구치 안고야말로 '진짜'라고 생각합니다. 독창적이라는 뜻이 아니라 리얼하다는 의미로요.

이소베/ 그렇군요. 독창적이 아니라 리얼하다는 것은 알기 쉬운 말입니다.

사사키/ 게다가 그는 전시 중에 그런 말을 하고는 전후에 「군비는 필요 없다軍備はもういらない」라는 에세이에서 헌법 제9조에 똑같은 논리를 적용했습니다. 인용해볼까요. "그 헌법은 남이 강제로 손에 쥐어준 것이라는 이유로 체면에 연연하지만 않는다면", "전쟁을 벌이지 않겠다는 이 하나의 조항만으로 세계 제일의 헌법이 아닐쏘냐." 맞는 말입니다. 가짜라도 개의치 말아야 합니다.

이소베/ 그럼요.

사사키/ 반대로 어떻게 보면 이것은 '그래, 우리가 아메리칸 드림을 받아들여줄게' 하는 말이기도 합니다.

이소베/ 20세기는 가짜의 시대니까요.

사사키/ '그 한때의 꿈을 우리가 물려받을게, 그렇다면 그것은 가짜라도 좋아.' 그것은 독창적이지 않아도 리얼했습니다. 마침 유례없는 참사가 일어난 다음이었으니까요.

이소베/ 혹은 새로움이 아니라 산뜻함…….

사사키/ 그렇습니다. 새로움이 아니라 산뜻함입니다. 독창적인 것이 아니라 리얼한 것입니다. 리얼하고 산뜻하면 됩니다.

이소베/ 독창적인 것도 새로운 것도 더는 존재할 수 없으니까요.

사사키/ 이것이 또 하나의 결론이군요. 두 가지 결론이 났으니까 이제 슬슬 마쳐도 되지 않을까요? 오늘 이야기를 들어주셔서 감사합니다!

『사이조』, 2010년 7월호에 게재한 대담을 전면적으로 보완 수정했다.

편집 협력: 나카야 슌이치로中矢俊一郎

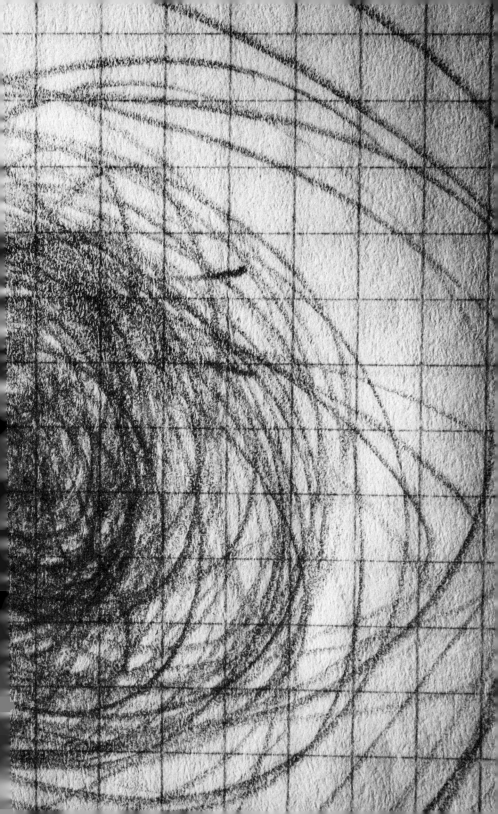

패배하는 기쁨, 패배자들의 노래

(우타마루宇多丸와 나눈 대담)

미래에, 앞으로 올 사람들을 위해

우타마루/ 이 자리는『잘라라, 기도하는 그 손을』의 간행을 기념
하는 대담입니다. 엉망으로 취한 사사키 씨(웃음)가 갑자기 제
DJ 이벤트에 찾아와서는『야전과 영원』을 전해주었는데, 이 책
은 나온 지 몇 년 됐죠?

사사키/ 그렇게 엉망으로 취하지 않았어요. (웃음) 그 책은 2008년
11월에 나왔으니까 2년 지났군요.

우타마루/ "스승님 영향으로 쓴 책입니다!" 이렇게 알아듣지 못할
말을 하면서 책을 주기에 '힙합 책인가?' 했지요. (웃음) 그로부
터 2년……. 이제야『잘라라, 기도하는 그 손을』이 태어난 셈이
군요.

사사키/ 그때는 정리된 논고도 쓸 줄 모르면서 당파적인 잡문만
쓰고 시시한 퍼포먼스 같은 데 열중하는 사상가나 비평가가 되
고 싶지 않았습니다. 많은 사람이 대체로 첫 책은 제대로 쓰지
만 그다음부터는 잡문 책을 내면서 시사평론가가 되어버리니까
요. 그것마저도 괜찮은 편이고, 첫 책조차 쓰지 않고도 잘난척

하는 사람도 있고요. 그런 풍조에 반발했던 셈입니다.

그 후 우타마루 씨와 오랜 대담을 나눌 기회가 있었습니다. 대담 끝내고 시부야 술집의 뒤풀이에서 아침까지 마셔댔잖아요. 그 자리에서 아까 말한 반발심에서 이렇게 말했지요. "나는 계속 하드코어로 있고 싶어. 입문서나 해설서는 쓰지 않을 거야. 그래서 팔리지 않는다면 팔리지 않아도 괜찮고……." 그러자 우타마루 씨가 갑자기 정색을 하고 굉장히 진지하고 간곡하게 이렇게 말했지요. "너 참 이상하다. 네 머릿속에는 '하드코어는 팔리지 않는다', 아니면 '후져야 팔린다', 이 두 가지밖에 없는 거야? 하드코어라도 알맞게 독자의 폭을 넓혀 팔아온 것이 우리가 해온 일이잖아."

우타마루/ 완전히 술에 취해 괜히 센 척하며 해본 말이지요. (웃음)

사사키/ 더구나 그다음에 계속해서 이런 말도 했어요. "돈 때문도 아니고 명예욕 때문도 아니라면, 어째서 온힘을 쏟아 하드코어로 남아 독자의 폭을 넓혀야 하는지 알고 있어? 독자의 폭을 넓히면 매상이 쭉 올라간다고들 하지. 일반 사람들은 아직 하드코어가 심하면 듣기 힘들다고도 하고……. 양쪽에서 비판을 받고 있어. 그런데도 왜 이걸 하느냐? 이봐, 선배들이 엄청난 하드코어 음악을 하는데, 그게 잘 팔려서 잘 먹고 잘사는 사람이 나오면 후배들이 용기가 나겠어, 안 나겠어? 뒤에 따라올 놈들을 위해 용기를 주어야 하는 법이야. 그래서 하는 거라고. 내가 활동하던 시대에는 일본어 랩으로 먹고사는 일이 어림도 없었어. 너는 하드코어 책을 한 권 제대로 냈고 하니까 다음에 다가올 세대의 후배를 위해 계속 그런 일을 해야 해. 나한테 영향을 받았다고 떠들고 다니려면 그 정도는 해주어야지. '하드코어라서 팔리지 않는 것이 자랑스럽다'고? 그런 자신이 좋다고? 어이, 그건 자기 자신밖에 생각하지 않는 거야!"

우타마루/ 흠, 뭐 변명하려는 뜻은 아닌데, 내가 제일 괜찮은 말을 할 때는 대개 술에 흠뻑 취해서 기억이 나지 않을 때라고 정평이 나 있습니다. (웃음)

사사키/ 우타마루 씨를 존경하는 후배들도 다들 그러더군요. (웃음) 여하튼 그런 충고를 듣고 두어 달 몹시 고민했습니다. 정말 하드코어를 유지하면서 독자의 폭을 넓히는 일이 가능할까? 그때 내가 경애하는 가와데쇼보신샤의 편집자에게 이제까지 있었던 일과 고민을 고백했어요. 그랬더니 잠자코 나한테 악수를 청하면서 그분이 그러더군요. "자알~ 들었습니다!" (웃음) 월트 휘트먼이라는 위대한 시인이 한 말 중에 이런 것이 있어요. "잉태한 것은 낳아야 한다. 네 뱃속에 품은 모처럼의 결실을 썩어 문드러지게 하려느냐. 그런 곳에 쭈그리고 주저앉아 그대로 질식시켜버리려느냐." 이 시구가 머릿속에 떠오르더군요……

우타마루/ 제대로 잉태해버렸던 셈이군요.

사사키/ 그렇습니다. 잉태했다는 것을 깨닫지 못하고 있었어요. 아까부터 '낳는다'는 비유를 쓰고 있는데, 그 이유는 지금까지 낸 책 두 권에 써놓았으니까 그 글을 읽어주세요. 지금은 '애를 끊이느니보다 낳는 편이 쉽다'는 생각 때문에 오늘날 괜찮은 책을 낼 수 있었습니다. 진심으로 우타마루 씨와 이 책의 편집자 덕분입니다.

우타마루/ 이 책을 맨 처음 읽었을 때『야전과 영원』때보다 비거리飛距離가 늘어났구나 하는 느낌이었어요. 즉 공의 구질球質이나 무게는 같지만 속도가 빨라졌다고 할까요. 술술 읽을 수 있었지만 울려나오는 반향의 질은 전혀 낮지 않았습니다.

사사키/ 그렇게 말씀하시니 감사합니다. 여러 사람이 같은 말을 했는데 우선 대표적으로 니체 이야기를 해보겠습니다. 그는 이렇게 말합니다. "우리가 살아가는 시대에 비위를 맞추기 위해서가 아니라 미래에, 앞으로 올 사람들을 위해 일하는 것이 철학자다." 비거리를 늘리는 것이 앞으로 올 사람들을 위한 일이 된다는 우타마루 씨의 말씀은 이 말과도 통하는 데가 있습니다. 또 우타마루 씨의 이야기를 듣기 전부터 담당편집자도 "젊은이들을 위해서 당신의 언어가 필요하다"고 끈덕지게 나를 설득했습니다. 진심일까 하는 의심도 들었지만요……. (웃음) 미리 말해두지만 '앞으로 올 사람'이라는 말은 반드시 나보다 나이가 적은 경우가 아닙니다. 앞으로 글을 쓰려고 하거나 책을 읽으려는 데 나이는 상관없지요. 국내외를 불문하고 마찬가지인데, 최근 사상의 적지 않은 부분이 "예술의 역사는 벌써 끝났다. 문학의 역사는 종쳤다. 정보와 폭력으로 얼룩진 현실과 어떻게든 부딪치며 살아갈 수밖에 없다"고들 합니다. 실로 진지하게 창조행위를 해나가려는 사람들의 싹을 무참하게 밟아 뭉개는 말만 합니다.

우타마루/ 그리고 내 생각에 적지 않은 사상과 비평이 현상을 자기 식으로 해석하고 추인하는 데 머무르고 마는 듯합니다. 그런 일은 의미도 없는데 말입니다.

사사키/ 그렇습니다. '현재'에 뒤떨어져서는 안 된다고 최첨단의 정보를 마구잡이로 허겁지겁 긁어모아서는, '현재는 이렇게 되어버렸으니 이렇게 할 수밖에 없다'고 억압적인 말을 내뱉습니다. 하지만 여기서 말하는 '현재'란 가까운 과거입니다. 기껏해야 반년 전부터 어제까지에 지나지 않지요. 그것은 '지금 여기'가 아닙니다. 진정한 의미의 현재가 아닙니다. 정신의학자 기무라 빈木村敏 씨는 울증의 정신상태를 포스트 페스툼post-festum(축제가 끝난 뒤), 즉 '과거에 의식이 향해 있는 상태'라고 정의했습니다. 따라서 실은 가까운 과거에 불과한 '현재'를 추구한다는 것은 타자나 자신에게 기운을 북돋아주는 일이 아닙니다. 모든 것을 되돌릴 수 없는 과거에 집착하는 것, 즉 '소 잃고 외양간 고치기'일 따름입니다. 실제로는 그렇지 않지요. 진정한 '현재', '지금 여기'란 오직 지금, 내디뎌야 할 '다음 한 걸음'일 것입니다.

우타마루/ 특히 창작하는 사람은 '다음 한 걸음'을 내딛기 위해 항상 '다음 한 줄', '다음 한 음音'을 무한한 선택지 가운데 골라내야 합니다. 그러기 위해 불면의 밤을 지새운 적이 있는 사람이라면, 지금 사사키 씨가 한 말이 자명할 것입니다.

사사키/ 창조적인 작업에 임한다는 것은 실로 어떻게 될지 알 수 없는 '다음 한 줄', '다음 한 음', '다음 한 획'에 모든 것을 거는 것입니다. 실로 고통스럽지만 이보다 더 즐거운 일이 없지요. 그렇기 때문에 연령이나 세대와 전혀 상관없이 우리는 다음 한 걸음을 내딛는 계기를 서로 제공하기만 하면 됩니다.

나는 길을 잘못 들어서지 않았다

사사키/ 자, 이제 '그것'을 내놓으려고 합니다.

우타마루/ 결국 내놓습니까? (웃음)

사사키/ 그래야지요. (웃음) 이것은 이전부터 해온 말인데, 아무
래도 내 주위의 젊은이들은 어쩐지 스물여섯 어름이 많습니다.
그 나이부터 급속하게 모든 것을 체념하기 시작하더군요. 하지
만…… 자, 작정하고 얘기해볼까요? 당시 평균수명이 얼마나 짧
았는지, 식자율이 얼마나 낮았는지 상상하면서 들어주십시오.
단테가 『신곡』을 쓰기 시작한 것은 스물넷입니다. 해적에게 붙
잡혀 강제노동도 하고 새경을 받지 못해 비참한 생활을 영위하
던 세르반테스가 『돈키호테』를 쓰려고 마음먹은 것이 쉰일곱,
출판한 것이 쉰여덟입니다. 어떤 영국인 남자가 서른두 살 때
사업에 실패해 파산합니다. 그로부터 간신히 회생하지만 보잘것
없는 무명인으로 지내던 중 쉰아홉부터 소설을 쓰기 시작합니
다. 그것이 다니엘 데포의 『로빈슨 크루소』입니다. 스위프트가
『걸리버 여행기』를 쓴 것은 쉰셋, 스탕달이 첫 작품 『적과 흑』
을 쓴 것은 쉰둘입니다. 그리고 내가 십대부터 경애해 마지않은
헨리 밀러는 아무리 해도 글을 쓸 수 없어 고민하다가 결국 파
리까지 도피합니다. 마흔이 되어 겨우 두툼한 소설을 썼는데 지
하철 안에서 원고를 잃어버렸지요. 더구나 그때는 거의 기둥서
방처럼 지내던 시절입니다. (웃음) 그러던 그가 마흔셋에 완성한
작품이 20세기 문학의 금자탑 『북회귀선』입니다. 그러나 성적

묘사가 지나치다는 이유로 출판 직후 발매금지를 당하지요. 그후 잇달아 걸작을 써내지만 하나같이 발매금지 처분을 받았습니다. 그리고 처음으로 인세를 받은 것이 예순셋입니다. 그동안 그는 구걸과 다름없는 방편으로 살면서 계속 글을 씁니다. 이 정도라면 '주변 친구라도 좀 말려주지' 하는 생각이 듭니다. 물론 말린다고 들을 사람도 아니지만. (웃음) 자, 남자 이야기만 하면 건전하지 않으니까 여자 이야기도 하겠습니다. 20세기 최고 작가의 한 사람인 버지니아 울프가 처음으로 소설 『출항』을 쓴 것은 서른세 살 때입니다. 그러나 그녀가 두각을 드러내기 시작한 것은 마흔셋에 쓴 『댈러웨이 부인』부터지요. 마드모아젤 샤넬은 나치 장교와 연애관계를 맺은 탓에 전후 사업을 포기하고 의복 디자인 세계를 떠나 스위스에 은둔했습니다. 하지만 패션계의 참상을 본 뒤 의연히 복귀를 결심하고 제일선에 나섰습니다. 이때가 일흔한 살이었습니다. 디자이너 샤넬이 대표작 '샤넬 양복'을 완성한 것은 복귀한 일흔한 살부터 죽기 직전인 여든여섯 살까지였습니다. 그녀는 일요일을 아주 싫어했지요. 일을 못 했으니까요. 어느 토요일에 여자 친구들과 밥을 먹고 입 주위를 닦더니 벌떡 일어나 "내일은 일요일이지만 난 일할 거야" 하고 말했는데, 그다음 날 아침 심부전으로 침대에서 사망한 것을 발견했다고 합니다. 결국 그 말이 최후의 한마디였던 셈입니다.

우타마루/ 마지막까지 앞을 향해 걸었군요.

사사키/ 앞을 향해 나아가고 있었습니다. 이런 일을 전하는 것이 어쩌면 철학이나 사상의 역할 중 하나가 아닐까 합니다.

우타마루/ 우리는 결과만 보기 때문에 단테나 데포가 단순히 굉장하다고 생각하지만, 그들은 언제나 괴로워했습니다. 편한 길은 없어요. 나도 해방을 만끽하는 것은 곡을 완성한 순간뿐입니다. 그때만큼은 '난 헤매지 않고 똑바른 길로 여기에 왔다. 자, 다 덤벼라!' 하는 전지전능함이 넘칩니다. 그러나 그때부터 또다시 무한한 선택지 안에서 헤매고 또 헤매지요. '재능도 없는데 그만두어버릴까?' 하고 머리를 싸매면서 불면의 밤을 지냅니다. 지금은 하도 헤매기만 해서 전지전능의 느낌이 제로입니다. (웃음)

사사키/ 지금은 레코딩 중이니까 그런 겁니다. (웃음) 창작이란 정말 다음 한 걸음에 나락으로 굴러떨어질지도 모르잖아요. 헤매고 방황하고 계속 긴장하고 있지요. 그렇기 때문에 '지금'을 긍정해야 합니다. '이럴 수 있을지도 모르는데' 하고 머뭇거리는 사람도 스스로 울증에 빠뜨리는 사고는 떨쳐버려야 합니다. 베케트는 이렇게 말했어요. "확실히 나는 길을 잘못 들어서지 않았다. 다른 길은 없기 때문이다. 벌써 다른 길을 통과해버린 것이 아니라면, 깨닫지 못하는 사이에 다른 길을 통과한 것이 아니라면……." 이것은 망설임 끝에 얻은 확신입니다. 지금 똑같은 말을 우타마루 씨가 했기 때문에 감명을 느꼈습니다.

우타마루/ 아, 그렇습니까. 동시에 그러니까, 그게…….

사사키/ 하하, 부끄러움을 타는 건가요? (웃음)

우타마루/ 아니, 부끄러움을 타는 것이 아니라 나도 요즘 과거에 발목을 잡혀 세간으로부터 이런저런 명령을 듣고 있거든요. 그 가운데 언제나 '으윽' 신음하며 괴로워하고 있어요. '아아, 이 명령에 따르는 편이 좋을지도 몰라' 하고 생각할 때도 있습니다. 이를테면 책방에 들러서는 '이번 주에는 누가 어떤 명령을 내렸을까?'를 생각합니다. 인터넷을 돌아다니면서는 '지금 어떤 명령이 흘러 다니고 있을까?'를 살펴봅니다. 그리고 '이건 신경이 쓰이는군. 이대로는 안 돼. 어제까지 내가 했던 말의 궤도를 살짝 수정해야겠어, 흑……' 하는 생각에 이르지요. 당연히 이런 상스러운 점이 나한테도 있다는 이야기를 하는 겁니다. 그런 의미에서 내가 가장 상스럽지 않은 순간은 눈물을 뚝뚝 흘리며 '다음한 줄'을 고민할 때라고 생각합니다.

사사키/ 『잘라라, 기도하는 그 손을』에도 서술했지만, 정보란 애당초 명령이라는 의미입니다. 그러나 우리는 그렇게 밀어닥치는 명령을 어떻게든 뿌리치고 다음 한 줄에 자기 자신을 걸어야 합니다. 나도 마찬가지입니다. 그렇기 때문에 '예술은 끝났다', '문학은 끝났다'라고 떠드는 사람이 무슨 생각을 하는지는 전혀 알 수 없습니다. 바로 한 치 앞이 나락일지도 모르지만, 그럼에도 손톱만한 용기를 짜내어 다음 한 줄을 생각해내고 가사를 지어야 합니다. 태곳적부터 우리가 해온 그런 일이 어째서 더럽혀져야 합니까?

우타마루/ 나 자신도 포함해서 하는 얘기지만, 예를 들어 『잘라라, 기도하는 그 손을』에 쓰인 내용이 지극히 정론正論이라는 것을 머리로는 잘 알면서도 헛생각을 하는 것이 인간인 겝니다.

사사키/ 결국은 정보＝명령이란 헛갈림이나 시행착오를 포함한 '과정'을 요약 또는 압축하고 있습니다. 받는 사람의 입장에서는

압도적으로 편합니다. 『초역[01] 니체의 언어超訳 ニーチェの言葉』 같은 것은 최악입니다. 의도적이고 자의적으로 니체를 '오역'하고 '요약'하고 '이용'한 사례입니다. 니체의 『차라투스트라는 이렇게 말했다』의 제4부는 단 한 권도 팔리지 않았어요. 그것을 친구들에게 겨우 일곱 부를 나누어준 니체는 고독하게 정신병원에 갇혀 죽어갔습니다. 그런 사람의 언어를 부정확하게 번역하고 요약해서 팔아넘기는 주제에 '우와, 70만 부나 팔렸어!' 하고 득의양양하게 말하는 것은 니체에 대한 착취입니다. 나치가 벌인 짓과 다르지 않아요. 도저히 용서할 수 없습니다. 예술은 '요약'할 수 없는 것이잖아요? 라임스타의 곡을 '요약'할 수 있습니까? 고흐의 그림을 '요약'할 수 있어요? 고다르의 영화를 어떻게 '요약'한다는 말입니까? 말이 안 되잖아요?

우타마루/ 그래도 팔려나가는 토양이 있다는 말이겠지요.

사사키/ 기가 막힌 노릇입니다. 어떻게 하면 좋아요?

우타마루/ 나더러 어떻게든 해보라는 말씀인가요? (웃음) 글쎄요. 지치지 않고 정론을 계속 이야기하는 수밖에 없습니다. 하다못해 남이 한 말을 가지고 명령할 것이 아니라 '명령쯤은 네 머리로 생각하라'는 생각이 듭니다.

사사키/ 정말 그렇습니다. 명령한다는 행위는 진정한 의미로 '강

---

01 超譯: 의역에서 더 나아가 번역문의 정확성을 희생시키더라도 읽기 쉽고 이해하기 쉬운 것을 우선시하는 번역을 말한다. 2010년에 나온 『초역 니체의 언어』(시라토리 하루히코白取春彦 옮김, 디스커버·투엔티원ディスカヴァー·トゥエンティワン)은 밀리언셀러를 기록했다.

한' 사람밖에 할 수 없다고 니체는 말했습니다. 왜냐하면 명령에
는 책임이 따르니까요. 하지만 정보라는 이름의 명령이라면 다
들 무책임할 수 있습니다. 게다가 니체는 원래 문헌학자입니다.
다시 말해 원전을 원문으로 꼼꼼하게 읽고 정밀하게 확정해 학
문적으로 신뢰 가능한 교정본을 만드는 일을 했지요. 그렇게 지
루하고 빈틈없이 정교한 작업을 하던 사람의 작품을 '초역'이라
는 이름으로 '오역'과 '요약'을 통해 '정보'로 만들어버립니다. 한
마디로 '명령'으로 만들어버리려고 합니다. 이 무슨 망발인가요?

패배하는 기쁨

우타마루/ 그러면 살짝 심술궂은 질문을 해볼게요. (웃음)

사사키/ 오호, 드디어 칼을 뽑아드시나요? (웃음)

우타마루/ 사사키 씨의 사상은 무척 흥미롭고 정론 중의 정론이라
고 생각해요. 그런데 『잘라라, 기도하는 그 손을』도 잘 팔리고
있잖아요. 그렇다면 사사키 씨의 언어를 명령적으로 인식하는
사람도 있다는 말인데요. 그 점에 대해서는 어떻게 생각합니까?

사사키/ 아, 똑같은 질문을 받은 적이 있습니다. 그때 나는 이렇게
대답했지요. "난 아사하라 쇼코[02]가 아닙니다. 내가 뭐라고 하

---

02 麻原彰晃: 1955~, 일본의 종교인으로 옴진리교의 창시자. 1995년 도쿄 지하철 독가스
테러 사건의 지시를 비롯해 여러 범죄의 혐의로 사형선고를 받고 복역 중이다.

면 그대로 따르나요? 그러든 말든 마음대로 하세요."

우타마루/ 그렇게 말할 수밖에 없겠지요.

사사키/ 자신이 쓴 책이 어떻게 읽히고, 어떻게 유통되고, 어떤 주석이 달리고, 아무런 근거도 없이 어떤 중상모략의 대상이 되는 것은 손쓸 도리가 없는 일입니다. 남이 하는 일이니까 나하고는 관계가 없습니다. 그러나 어떤 국면에서는 책임을 져야 할 때가 있을지도 모릅니다. 그건 두려운 일이지요. 예를 들어 라임스타의 뛰어난 음원과 라이브가 후세에 전해져 용기를 주고, 그것이 미래의 초석이 되는 기적이 일어날지도 모릅니다. 아니, 라임스타의 경우는 이미 그렇게 되고 있지요. 하지만 창조한 것을 세상에 내놓으면 터무니없는 오해를 받고 광신도 같은 사람들에게 이용당할 가능성도 있습니다. 존 키츠John Keats가 이런 일에 대해 시를 쓴 적이 있어요. 그것을 어떻게 물리칠까 하는 물음에 지금 당장 대답할 수는 없습니다. 이 책에도 언급한 바와 같이 루터와 무하마드는 세계를 변화시켰지만, 동시에 유혈참사와 완전히 단절한 것도 아니었습니다. 어떤 일의 옳고 그름은 알지 못하더라도 자기의 일로 한번 받아들였다면, 그것을 전제로 그다음 일보를 내디딜 수 있느냐 없느냐가 진짜 문제일 것입니다. 이 자리에서 말할 수 있는 것은 단 한 가지입니다. 자신이 옳은지 그른지 알 수 없어 암중모색일 때, 자신이 이길지 질지 모르는 상황일 때, 우리는 내기에 나설 수밖에 없습니다. 인간은 늘 그렇게 해왔고, 미래에도 그렇게 나아갈 것입니다. 그것이 매우 평범하고 당연한 일이라고 제시하는 것이 중요하지 않을까 생각합니다. 사실 나는 계속 자문자답을 해왔어요. 이 책에서 이야기한 도스토옙스키, 무하마드, 루터는 결국 내기에 이긴 사람들일 따름이잖아요. 패배한 인간이 빠져버렸어요. 따라서 나는 패배한 남자의 이야기를 소설로 썼습니다. 연초에 가와데쇼보 신샤에서 나올 겁니다. 그 소설이 조금이라도 답변이 되면 좋겠군요.

우타마루/ 어떤 내용인가요?

사사키/ 실패를 둘러싼 실패의 이야기……, 실패한 남자의 이야기입니다. 휘트먼을 다시 한번 인용하겠습니다. "우리는 승리가 중요하다고 생각했는데 실로 그러하다. 그러나 지금에 와서 나는 생각한다. 어쩔 수 없을 때는 패배도 중요하고, 죽거나 낭패를 보는 것도 중요하다고……." 『잘라라, 기도하는 그 손을』도 그렇고, 『야전과 영원』도 그렇고, 둘 다 '패배하는 기쁨'이라는 말로 끝납니다. 패배한 남자의 기쁨이란 무엇인가? 역사의 어둠 속으로 사라져버린 사람들의 기쁨이란 무엇인가? 패배한 자들의 기쁨에 찬 노래가 있을 수 있다면 어떤 것일까? 이런 물음에 대해 글을 쓸 생각입니다. 이왕 시작한 일이니 평생 계속할 것입니다. 그때마다 진지하게 작품에 임하는 수밖에 없겠지요. 그 일에는 노력을 아끼지 않을 것이고, 어설프게 그만둘 생각도 없다는 각오입니다.

우타마루/ 소설 형식에 의한 답변이라……. 과연 그럴듯하군요. 특히 현실에서는 '패배'를 '나쁜 것'으로 간단하게 치부하고 무슨 일이 있어도 패배하지 말라고 이야기하는 경향이 있지 않습니까? 사람들은 『잘라라, 기도하는 그 손을』을 통해 사사키 씨의 사상을 상당히 직접적으로 받아들였는데, 소설이라는 장르를 통하면 그것을 더욱 널리 제시할 수 있겠지요.

사사키/ 감사합니다. 한편 아까 니체 이야기를 했는데, 니체는 마치 목이 말랐을 때 깨끗한 샘물을 마시듯 자기 책을 읽어달라고 말합니다. 진정한 언어는 단지 정보로 처리되기를 바라지 않습니다. 누군가 먹고 마시는 양식, 그것으로 춤추고 혀끝으로 맛보고 암송하기를 바란다고 생각합니다.

우타마루/ 요컨대 책을 읽는 타이밍이 있다는 말이겠지요. 신체가 자연스레 요구할 때, 맛보고 싶다고 원할 때 말입니다. 당연히 자신의 책에 관해서도 이런 말을 할 수 있겠지요.

사사키/ 물론입니다. 어쨌든 예술은 양식이니까 배가 고프지도 않은데 주어지면 처치곤란일지도 몰라요. (웃음) 당연합니다.

우타마루/ 뭐, 그렇지요. 세상에는 '니체쯤은 읽은 티를 좀 내야 부끄럽지 않은 법이야' 하는 명령이 흘러넘치고, 명령에 따라야 한다는 공포가 있으니까 '초역'이라고 내건 책이 팔리겠지요. 기본적으로 죄다 공포 장사입니다.

사사키/ 하지만 공포나 공포에 기인한 공감은 아무것도 산출하지 못해요.

우타마루/ 아무튼 바지런하게 계속 발언하는 수밖에 없을까요?

사사키/ 아무래도 그렇지 않을까요……. 나도 패턴에 갇혔다는 이야기를 들을까봐 두려웠던 시기가 있었습니다. 지금은 반복을 두려워하고 있어요. 아무리 생각해도 틀렸다는 생각이 들지 않으면 어떤 오해를 사든 꾸준히 세세하게 발언하는 수밖에 없습니다. 대담과 수필을 엮은 시리즈를 봄에 간행하는데, 그 책들에서도 집요하게 같은 말을 했습니다. 반복을 두려워한다면 펑크나 힙합을 좋아한다는 말은 꺼낼 수 없겠지요. (웃음)

언어는 참 신비롭습니다. '언어'는 우선 '소리'입니다. 그러나 전 세계의 캘리그래피, 서도문화를 보면 알 수 있듯, '문자'는 '그림'이기도 합니다. 우리는 무언가를 떠올리려고 할 때 손가락으로 허공에 글자를 쓰면서 '흐름'으로 떠올리려고 합니다. 문자나 언어는 소리로든 그림으로든 '흐름'입니다. 그것은 육체를 부르르 떨게 하는 리듬을 갖고 있고 스르르 흘러갑니다. 따라서 이야기하거나 읽거나 낭독하거나 노래하거나 랩을 하는 것, 또 사람이 만든 그런 것을 스스로 모방해보는 행위는 실로 그 자체만으로 춤입니다. '언어'란 '의미를 짊어진 유일한 음악'이며 '의미를 짊어진 유일한 회화'입니다. 또한 그것은 '흐르고', '춤춥니다.' 문자를 갖춘 언어의 예술이란 수만 년의 역사를 지닌 회화·음악·춤에 비해 훨씬 젊지만, '음악'이기도 하고 '회화'이기도 하고, 나아가 '춤'조차 출 수 있습니다. 즉 언어의 예술은 그 하나만으로 이미 '종합예술'입니다. 우리는 매일 언어를 사용합니다. 예술이라고까지는 못 해도 그것이 평범한 사실입니다. '안녕하세요~', '수고했어요~', '안녕히 주무셨어요~' 하는 말에는 음정이 있고 몸짓이 있지요. 그것이 이미 노래이자 춤이기도 합니다. 서양의 철학에는 못된 습벽이 있습니다. 언어는 죽음이고, 언어의 외부에야말로 생생한 삶 자체 또는 현실이 있다고 생각합니다. 그러나 이 생각은 틀렸습니다. '언어'는 그 자체가 흐름이며 노래이기 때문에 언어와 언어예술은 죽음 쪽이 아니라 삶 쪽에 있습니다. 따라서 '문학은 끝났다'든가 '순문학은 끝났다'는 말을 들으면 가소롭습니다. 이런 시대가 되었으니까 예술도 문학도 끝장났다고요? 과연 그럴까요? 백보 양보해서 이 시대가 암흑의 시대라고 해도 정말 그럴까요?

마지막으로 내가 경애하는 베르톨트 브레히트의 시를 인용하겠습니다.

암흑의 시대에도
사람은 노래할 수 있을까
사람은 노래할 것이다
노래할 것이다, 시대의 암흑을

2010년 11월 5일 시부야, 『문예文藝』, 2011년 봄호, 가와데쇼보신샤

'다음의 자유'로 향하다

(사카구치 교헤이坂口恭平와 나눈 대담)

'나와 혁명하자'

사카구치 / 『잘라라, 기도하는 그 손을』은 창조하는 인간에 대한 일종의 응원가라고 여겨졌습니다. 인용도 많았지만 그것에 대해 설명한다기보다는 도리어 사사키 씨의 언어라고 보이는 상태가 툭툭 튀어나왔습니다. 책에는 나 자신의 모습도 보였고, 사사키 씨가 나를 질타하고 격려하는 느낌도 받았습니다. 책을 읽는 것이 이미 하나의 혁명일 수 있고, 텍스트를 다시 쓰는 것이 혁명일 수 있다는 말……. 나도 내 책에서 '혁명'이라는 말을 했지만, 그것과는 다른 냄새를 풍겼습니다.

사사키 / 처음 만났을 때 사카구치 씨가 다짜고짜 '나와 혁명하자' 하고 말했어요. 기억 안 나요?

사카구치 / 기억합니다.

사사키 / 이 사람이 나에게 "사사키 씨는 문학이나 예술에 지나치게 집착하고 있어요. 나하고 함께 구체적인 일을 벌입시다!" 하고 말했답니다. 그 후에도 만날 때마다 이 말을 했어요. 이렇게 듬직하고 씩씩한 말을 할 줄 아는 사람이 나보다 어리다는 데

놀랐지요. 왠지 할 일을 뺏긴 느낌이랄까? (웃음) 문학이나 예술이라고 하면 다들 놀이나 장식품쯤으로 생각해요. 정치나 사회, 진구렁의 인생을 살아내는 일과 본질적으로 관계가 없다고여깁니다. 사카구치 씨도 그렇게 생각했고요. 그러니까 내가 왜문학에 집착하는지 모르겠다는 의문을 품었겠지요. 우리가 처음 만난 날 밤은『잘라라, 기도하는 그 손을』을 쓰기 훨씬 전이었는데, 그 후 글을 쓰다가 불현듯 '이 책은 사카구치 씨가 던진의문에 대한 대답이 되겠군' 하는 생각이 떠올랐습니다. 그렇게된 셈이죠? (웃음)

사카구치 / '혁명'이라는 말은 하지만 나도 잘 모릅니다. 내가 쓴 책『제로에서 시작하는 도시형 수렵채집생활ゼロから始める都市型狩獵採集生活』에서는 사회변혁 따위는 하지 않아도 된다고 말했습니다.이 사회를 정글 같은 자연으로 간주하기 위한 방법을 썼던 셈입니다. 상품이든 쓰레기든 돈이든 한 번 해체한 다음 똑같은 가치로 보라. 그때 당신은 어떤 것을 섭취하겠느냐? 요컨대 자신의 창조성만 뒤집으면 기존과 똑같은 사회에서 완벽하게 다른'삶'이 가능하다는 이야기입니다. 내가 '도시형 수렵채집민'이라고 부른 길거리 생활자들은 그런 삶의 선행자였습니다. 나는 사사키 씨에게 어떻게 혁명이 가능한가, 그 구체적 방법은 무엇인가에 대해 이야기를 듣고 싶었습니다. 사사키 씨는 워낙 솔직하고 올곧게 이야기해주니까 그 언어가 우룽우룽 울립니다. 그런데 사사키 씨 자신은 좀체 다면적으로 보기 어려울 때가 있습니다. 사사키 씨가 왜 이런 상태에서 여러분 앞에 홀연히 나타났는지 아무도 모르겠죠?

아자부麻布 10번지의 방

사카구치/ 그의 책을 보면 "카프카가 쓴 것임을 안다면 사람은 발광할 것"이라는 구절이 있습니다. 이것은 다름 아니라 자기 이야기라고 생각합니다. 그는 목숨을 걸고 책을 읽고 있습니다. 카프카의 글을 한 줄 한 줄 따라가면서 그는 점점 광기에 가까워지는 것입니다. 나는 때로 '어라, 이보쇼!' 하고 말리고 싶을 때가 있습니다. 도대체 이 남자는 무슨 생각을 할까? 이런 궁금증을 안겨주는 인간과 만나기는 참으로 오랜만이었습니다. 그런 생각이 들자 집 연구가로서 나는 그의 집에 가봐야 했지요. 그래서 어느 날 사사키 씨를 만나자마자 '야, 너희 집에 좀 가보자!' 하고 보챘습니다.

사사키/ 그때는 참 황당했습니다. 납치당했어요, 납치!

사카구치/ 사사키 씨는 아자부 10번지에 살고 있었지요. 내 딴에는 '흥, 뭐가 『야전과 영원』이란 말이냐? 네가 그렇게 고상하냐?' 하고 빈정대는 마음을 품지 않았겠어요? 그런데 아자부 10번지 여기라고 가리킨 곳은 골목이 상상하지 못할 만큼 더럽고, 툭 트인 공간에는 멕시코 아니면 브라질 같은 데나 있을 법한 빌딩이 세워져 있었습니다. 그곳에 파란 페인트를 마구 칠한 문이 있었는데, 사사키 씨는 안 된다고 버텼지만 그런 집에는 반드시 들어가보고 싶은 법!

사사키/ 주거침입이라고 할까, 가택침입 강도라고 할까……. (웃음) 나는 원칙적으로 다른 사람을 방 안에 들이지 않거든요. 그런데 막무가내로 쳐들어와서…….

사카구치/ 그래서 방 안에 들어간 순간 정말 눈물이 나올 것 같았어요. 엄청 더럽고 엄청 좁은 방에 컴퓨터와 구석에 꾀죄죄한 침대만 덩그러니…….

사사키/ '꾀죄죄한' 게 아니라 '얼룩'이야, 얼룩! 네가 맥주 마시다가 엎질렀잖아! (웃음) 저기 말이야, 계속 폭로할 거야? (웃음)

사카구치/ 내가 현장답사로 하는 일을 사사키 씨는 계속 책 위에서 해왔을 뿐 아니라 텍스트로 나아갔습니다. 그 방을 보고 절실하게 깨달았지요. 마치 영화 〈지옥의 묵시록〉의 주인공이 살던 방 같았답니다.

사사키/ 더럽다, 방공호 같다, 실컷 떠들어놓고 잘도 말한다……. (웃음) 세상에서 그런 말을 제일 듣고 싶지 않은 상대가 바로 너야. 너한테만큼은 결코 듣고 싶지 않다고!

사카구치/ 아이고, 왜 그러시나……. 나는 그 유명한 '0엔 하우스'를 계속 보아왔는데 사사키 씨 방도 거기에 결코 뒤지지 않았어요. 웃을 일이 아닙니다. 내가 하고 싶은 말인즉슨 인간은 생각하면서 공간을 만든다는 것입니다. 사사키 씨는 책상 위만 고집하는 사람이 아닙니다. 책이라는 물질을 공간으로 간주하고 그 속에 뛰어듭니다. 나는 그 점에 감명을 받았던 것입니다. 그 방에서 무언가를 만든다는 것은 하나의 저항이며 희망을 보여줍니다. 하지만 사사키 씨는 그런 말을 하지 않지요. 『천 개의 고원』에 따닥따닥 붙여놓은 포스트잇을 보여주지 않습니다. 그래도 보이지 않겠어요? 책장으로 눈길을 돌려보니 육체노동자가 노동일지를 쓰는 작은 녹색 수첩이 50권쯤 꽂혀 있었습니다.

사사키/ '측량 야장01'이라는 것인데 삼각 측량하는 사람들이 현장에서 쓰는 노트입니다. 그런 현장에 몸담았던 적이 있거든요.

사카구치/ 『야전과 영원』의 원고인가 싶어 물어보니까 "그건 애프터 『야전과 영원』이야" 하고 대답하더군요. 이거야말로 물건이 되겠구나 하는 생각이 들었습니다. 즉 사사키 씨는 사람에게 무언가를 전달하기 전에 무언가를 계속 만들고 있어요. 방 안에서 노트를 적어가며 『천 개의 고원』을 몇 번이나 읽고 있는 것입니다. 사사키 씨가 읽으면 어느 덧 『천 개의 고원』으로 보이지 않지요. 그가 드로잉 작품을 보여주더군요. 그는 책을 파고들어 읽고 또 읽어 광기 속으로 들어갈지언정 무언가를 붙잡아냅니다. 그곳에는 희망이 있어요. 지금도 그 방을 떠올리면 눈물이 날 듯합니다. 재능은 없어도 됩니다. 재능이 없어도 파고들어 읽는다면 자연스레 무언가를 만들어야 한다는 마음이 듭니다. 따라서 꿈이 없다는 둥, 하고 싶은 일이 없다는 둥 투덜대는 것은 바보 같다고 생각합니다. 이놈이라고 좋아서 『천 개의 고원』을 읽고 또 읽겠습니까? 그래도 쉼 없이 하고 있습니다.

---

01 野帳: 측량 따위의 야외작업을 할 때 필요한 자료를 써 넣는 책.

사사키/ '이놈'이라고 하지 마세요. (웃음) 젊을 때는 꿈이 없다든가 하고 싶은 일이 없다든가 재능이 없다는 이유로 고민합니다. 하지만 한번 무언가에 정신이 팔리면―사로잡혀버리면―재능이 있으니 없으니 생각할 겨를도 없습니다. 절벽의 벼랑 끝을 올라가는 것이니까요.

텍스트를 바꾸어 읽기

사카구치/ 난 그게 희망이라는 것을 전하고 싶습니다. 최근 만난 젊은이들을 보면 정말 고민스러워요. 젊은이들이 만들어내는 것을 보면 참 기가 막힙니다. 그도 그럴 것이 그들은 월급 3만 엔을 받는데 그것으로 살아갈 수는 없지요. 어떻게 하면 좋을까 생각하다 사나흘 전에 '제로학원'이라는 것을 멋대로 시작했습니다. 입학금 제로, 학비 제로, 교사 급여 제로, 밥은 우리 집에서 마음껏 먹기……. 현장 답사하다 만난 사람들인데―아직도 날 선생님으로 생각하는데―계속 내게 무언가를 증여해줍니다. 사명이라는 말은 쓰고 싶지 않지만, 내가 아는 것을 가르쳐주어야 한다는 사명감을 갖고 있지요. 나는 그들이 하는 일을 '작업'이라고 정의합니다. 이른바 '노동'과는 다릅니다. 자기 의지로 무언가를 추구한다는 점에서 사사키 씨가 책에 포스트잇을 붙이는 감각과 비슷할 것입니다. 그런데 사사키 씨의 언어가 남에게 전해지려면 또 한 단계가 필요합니다. 텍스트에 혁명이 있다는 것은 솔직히 사사키 씨에게만 해당한다고 봅니다.

사사키/ 끈덕지게 물고 늘어지는군요. (웃음) 이 책에도 썼지만 문학은 훨씬 넓은 것입니다. 텍스트를 읽고 또 바꾸어 읽고, 글을 쓰고 또 바꾸어 쓰는 행동을 통틀어 전부 말합니다. 텍스트에는 물론 '법'도 포함됩니다. 아주 단순하게 말하면 프랑스 혁명도, 메이지 유신도, 전후 헌법의 성립도, 다 텍스트를 바꾸어 쓴 것이 아닙니까? 그런 식으로 생각하면 우리가 계승해온 정치적인 텍스트에 대한 관계를 새롭게 정립하는 것, 이것 역시 혁명이 아니겠습니까?

피에르 르장드르라는 분은 텍스트가 정보를 전하기 위한 글에 국한되지 않는다고 말했습니다. 춤의 안무도, 문신도, 노래도, 거주방식도 훌륭한—정치적이기도 한—텍스트입니다. 사카구치 씨가 자신의 책에 묘사한 집, 즉 지붕에 고인 빗물을 처리하기 위해 머리를 짜낸 비닐시트 하우스의 구조도 르장드르에 따르면 텍스트입니다. 그런 식으로 개량하거나 창의적인 장치를 덧붙여 점점 더 새롭게 만들어가잖아요. 그런 것을 다 텍스트라고 한다면 전부 문학이 됩니다. 이렇게 바꾸어 쓰는 가능성이야말로 '문학'의 생명이라는 의미로 지금 이야기하는 것입니다.

'도구'로서의 이론

사카구치/ 나도 처음에는 아무것도 모른 채 0엔 하우스를 조사했습니다. '이 사람들 집은 키치[02]구나' 하면서 길거리 생활자의 표면만 보고 안으로 들어가지 않았지요. 하지만 서서히 집 안에 들어가기도 하고 그 집 사람과 이야기를 나누고 술을 마시다 보면 2~3개월 만에 없어져서는 안 된다는 생각이 듭니다. 뒷걸음치면 안 된다는 생각이 들지요. '이 사람한테는 뭔가가 있어' 하는 생각이 들면 다시 한번 만나러 갑니다. 인간으로서 계속 교류해나가다 보니 도쿄에 있는 다마 강多摩川에 커뮤니티도 생겨났습니다. 멀리서 '여보세요~' 하고 부르면 오니고로시라는 브랜드의 청주를 좋아하는 '고리'라는 사람이 '오니고로시!' 하고 대꾸해줍니다. 어느 날 내가 편의점에 들어가 오니고로시를 사서 건넸더니, 그는 어디서 주워온 〈스타워즈〉 스페셜 에디션 세 권짜리 세트를 주더라고요. 나는 이런 식으로 인간관계를 맺고 싶습니다. 사사키 씨도 그렇습니다. 내가 한밤중에 '무하마드 이야기를 듣고 싶은데⋯⋯' 하고 전화를 걸면 '너 죽을래?' 하면서도 내게 와줍니다. 이런 관계는 정말 중요하다고 생각합니다.

사사키/ 똑같이 시행착오를 겪으면서 같은 평면에서 살아가는 겁니다. '저놈도 열심히 하고 있구나. 그러면 나도 열심히 해보자.' 이런 식으로요. '오니고로시 마실래?' 하고 건네주는 느낌이 참 좋군요. 공감합니다. 나는 철학의 우위성을 전혀 인정하지 않습니다. 한 단계 높은 곳에 있으면서 남에게 지시할 수 있다고는

02 kitsch: 인기는 있지만 질 낮은 예술품을 일컫는 말.

생각한 적이 없어요.

푸코가 이런 말을 했지요. "나는 도구 기술자와 다를 바 없다. 도구를 만들어 적당히 늘어놓을 테니 다들 가져가라. 각자에게 쓸모만 있으면 된다. 내 책은 도구로 가득 찬 철물점 같은 것이다." 사카구치 씨에게 "넌 이론만 있고 실천하지 않아" 하는 말을 들었을 때 "아니야, 나는 이론이라는 실천을 하고 있는 거야" 하고 응수했습니다. 푸코와 같은 사고방식으로 대답한 것이지요. 이론도 '도구'로 이용하면 무척 도움이 됩니다. 그러면 사물을 보는 관점이나 세계관을 바꿀 수 있고, 실천에 동기를 부여하는 기준이 되지요. 대장장이가 없으면 미야모토 무사시도 검객이 될 수 없지 않습니까? 따라서 소박하게 그런 일을 하는 사람도 필요하다고 생각하고, 모든 사람과 같은 평면에서 꾸준히 일을 하고 있을 뿐입니다.

감옥에 갇힌 사람들이 함께 모여 철저하게 이론서인 『감옥의 탄생』을 낭독하며 공부했다는 이야기를 들었을 때, 저자인 푸코는 무척 감동해 눈가가 촉촉해졌던 듯합니다. 겸허한 푸코는 자기 책이 도움이 되었다는 생각은 꿈에도 하지 않았지만 조금이라도 쓸모가 있었다니 다행이라고 말합니다. 푸코의 그런 점을 진심으로 존경하기 때문에 부족하지만 나도 구체적으로 누군가에게 도움이 되는 책을 쓰고 싶습니다. 사카구치 씨가 말하는 '구체성'도 그런 것이라고 생각합니다. 물론 만인에게 편리한 도구는 아니라는 전제에서 말입니다.

'다음의 자유'로

사사키/ 또 하나, 사카구치 교헤이라는 사람과 나 사이에 공통점이 있다면, 그것은 자유의 감각이라고 생각합니다. 헨리 밀러, 버지니아 울프, 나아가 위대한 사람이라면 누구나 이야기한 것인데, 여기에서는 푸코의 말을 인용하겠습니다. 실은 내가 하고 싶은 말은 이 한마디밖에 없습니다. "너희는 너희가 생각하는 이상으로 자유롭다." '너희는 이미 자유롭다'는 것, 이것이 매우 중요합니다. 나는 사카구치 교헤이 씨의 저작에서 자유의 감각을 느낍니다. 물론 사카구치 씨의 생각에는 여러 가지 결점이 있습니다. 나는 그 점을 『잘라라, 기도하는 그 손을』에서 뚜렷이 밝혔고, 내 생각은 제대로 전해졌으리라 봅니다. 그러나 그것은 철학자인 내가 사카구치 교헤이 씨에게 내려다보는 시선으로 가르친 것이 아닙니다. 내게도 결점이 있고 부족한 부분이 있으니까요. 세상물정도 모르고 못난 점투성이랍니다. (웃음) 사카구치 씨나 여러분이 내 결점을 채워주기를 바라고, 나도 사카구치 씨가 힘들어하면 할 수 있는 일은 해줄 것입니다. 같은 평면에서 자유롭게 말입니다. 그런 측면에서 아까 말한 교육을 생각해보자는 말이겠지요?

사카구치/ 물론 그렇습니다. 단순한 동료의식이 아닙니다. 나는 언제나 알기 쉽게 구체적으로 설명하려고 하는 편인데, 아까 푸코의 자유 이야기를 듣고 오싹했습니다. 내 생각도 바로 그것이었거든요. 인간에게는 아직 딱딱하게 굳은 부분이 있습니다.

사사키/ 이제 소박하게 말하지요. 모두들 이미 자유로운데도 별 것 아닌 강박관념에 갇혀 있습니다. 한 걸음만 내디디면 되는데 주춤거리고 맙니다. 이 사회에는 자유를 못 보게 하는 담론이 흘러넘치기 때문입니다. 그러나 '이미 자유롭다'는 것을 깨달으면 '다음의 자유'를 향해 나아갈 수 있습니다. 내가 가장 존엄한 '다음의 자유'라고 생각하는 자유는 이렇습니다. 이를테면 연습에 연습을 거듭해 크루이프 턴[03]이 가능해지는 자유라든가, 멋진 싱커[04]를 던질 수 있는 자유 말입니다. 춤이 능숙해진다든가 글쓰기 실력이 나아진다든가, 무엇이든 좋습니다. 단련을 쌓은 끝에 얻어지는 자유, 아니 그 과정에 이미 존재하는 자유⋯⋯. 그런 자유를 포함해 자유를 다시 한번 우리 한 사람 한 사람이 다시 획득하는 것이 가능하지 않을까요? 이미 자유롭기 때문에 다음의 자유로 나아갈 수 있습니다. 자유롭기 위해서는 우선 '지금 여기'에서 자유로워야 합니다. 이것이 사사키와 사카구치가 공통적으로 갖고 있는 메시지라고 생각합니다.

2010년 11월 19일, 준쿠도 서점 신주쿠점에서
『한밤중』, 2011년 초봄호, 리틀모어출판사

03 Cruijff Turn: 상대 수비수를 앞에 둔 가운데 한쪽 방향으로 유인하고 뒷발로 공의 흐름과 180도 반대방향으로 급전환하는 축구기술로, 1974년 서독 월드컵 스웨덴전에서 크루이프 선수가 선보였다.
04 sinker: 투수가 던진 공이 타자 앞에서 갑자기 떨어지는 것.

그나저나 얼씨구 왕성하구나

(후루이 요시키치와 나눈 대담)

'종말'은 무엇을 위해

후루이/ 문학은 슬픔을 이야기할 만큼 건강합니다. 사사키 씨는 『잘라라, 기도하는 그 손을』에서 안이한 종말론을 격하게 비판했습니다. 기독교 세계가 종말 감정에 휩싸일 때마다 엄청나게 소란이 일어나는 것은 분명하지요. 어쩌면 세계가 나아가는 근원에는 종말론이 있다고 생각할 만큼 작가는 슬픔을 이야기합니다. 그리고 세계가 일반적으로 종말론을 이야기합니다. 깊으냐 얕으냐 하는 차이만 있어요. 말하자면 어느 정도 위기가 닥쳐온다고 느끼느냐 하는…….

사사키/ 물론 후루이 씨 말처럼 위기를 통해 점점 더 계속해야겠다는 의지가 강해지는 양상도 보입니다. 애초에 '위기'는 유럽어로 '병의 고비를 넘기는 것'이라는 의미의 치료과정을 뜻하니까요. 그것은 오히려 종말의 의지라기보다 절단의 의지입니다. 어떤 곳에서 매듭을 짓지 않으면, 무언가 결말을 맺지 않으면 한 걸음도 나아갈 수 없고 병을 낫게 할 수 없다는 그런 순간이 있습니다. 그것을 전부 부정하지는 않아요. 다만 앞서 나간 선배가

'이미 모든 것이 끝나버렸다'고 떠들고 다닌다면 뒤에 따라오는 후배를 괴롭히는 것밖에 안 됩니다. '무슨 일을 해도 소용없다'고 말하는 것이니까요. 따라서 참된 변혁에 대한 절박함도 없이 안이하게 흘러가는 대로 그런 말을 입에 담는 것은 사절합니다. 그 책에서 이런 말을 했습니다.

후루이/ 종말론 이야기는 모조리 새롭게 갈아엎고 싶다는 기분에서 비롯됩니다. 만약 신들이 이 모습을 본다면 배를 잡고 웃을 겁니다. 종말론도 참 유머에 넘치지만, 루터가 비판한 면죄부도 우쭐거리는 허풍이었잖습니까.

사사키/ 그렇습니다. 저도 『잘라라, 기도하는 그 손을』—이 책을 다들 '손을 잘라라'라고 부릅니다—에서 종말론을 둘러싸고 고대부터 우왕좌왕했던 일을 골계적으로 맛깔나게 이야기하려고 했습니다. 비웃겠다는 뜻은 아니었고요. 원래 기독교의 종말론에서 종말이 다가오는 시점은 하느님의 아들 예수 그리스도조차 모릅니다. '신만이 알고 계시다'고 성서에 쓰여 있습니다. 그런데 자신의 사고가 어디에 뿌리내리고 있는지도 애매모호한 속세 사람들은 '이제야말로 종말의 날이 온다'고 말하고 싶어합니다. 종말이야 오겠지요. 그 긴박감이 계속의 의지로 이어지는 일도 있다고 생각합니다. 하지만 자기가 살고 있는 시대가 특권적인 시작이나 끝의 시대여야 하는데 그렇지 않으면 곤란하니까 이제야말로 종말이 온다고 떠드는 것은 유치한 행동이 아닐까요. 나중에 도래할 일을 어떻게 생각하느냐 말입니다.

후루이/ 서기 1000년을 맞이하기 직전에 유럽에서 종말적인 열광이 들끓자 교회 지도자가 타일렀습니다. 1000년이란 인간이 헤아린 1,000년이 아니고 신이 가르쳐주는 천년이라고요. 종말을 외치는 사람들은 비약적인 생명력과 생활력을 보여주기 때문에 교회 측은 그들의 에너지를 교회의 뿌리로 삼으려고 했는지도 모릅니다. 그렇지 않을까요?

사사키/ 그럴지도 모르지요. 저는 아까 나온 졸저에서 반농담으로 이야기한 적이 있습니다. 모든 유럽 혁명의 원형으로서 '12세기 중세 해석자 혁명'이라는 것이 있습니다. 이것은 명칭 그대로 1100년대부터 천년의 종말에 쏠리는 열광의 에너지를 '다음 종말까지, 즉 다음 천년까지 이 사회를 유지해야 한다'는 방향으로 전화시킴으로써 법과 사회, 예술의 혁명을 위한 거름으로 삼았다고 볼 수 있다는 발상입니다.

후루이/ 그리고 점점 약아졌지요. (웃음) 1000년이 100년 되고, 100년이 50년 되고, 50년이 10년 되고, 10년이 5년 될 즈음에 루터가 분연히 일어섰던 셈입니다.

사사키/ 본래적인 기독교라면 후루이 씨 말대로 종말이 임박하는 시점은 신이 가르쳐주는 것, 인간이 헤아릴 수 없는 것이기 때문에 신만이 알고 계십니다. 종말이 임박하면 어떤 일이 벌어지는 경우도 있겠지요. 그러나 '이제야 그것이 왔다, 아니 이미 와 있다'고 한다든지, '내가 살아 있는 동안 종말이 임박하지 않으면 신나지 않는다고!' 하고 외친다는 것은 뭐라고 할까요, 각오도 없고 뒷심도 없습니다. 자극제·흥분제 같은 것을 스스로 주사 놓는 것처럼 비열합니다. 이렇게까지 말하면 좀 지나친가요?

후루이/ 그만큼 천박해졌다는 말이겠지요.

사사키/ 실로 자작극이고 자승자박의 꼴입니다. 뱃속 깊숙한 곳에서 나오는 심호흡이 없지요. 니체의 시대는 칸트 이후이기 때문에 당연히 '형이상학은 끝났다'고 말했지요. 니체 자신도 형이상학을 비판하지 않은 것은 아닙니다. 그러나 니체는 형이상학에도 공덕이 하나 있다고 말합니다. 즉 형이상학이 없어져버리면 후세를 위해, 그들이 살아갈 미래를 위해, 자기들이 죽은 다음의 세계를 위해 도대체 무슨 일을 할 수 있을지를 생각할 수 없게 된다는 것입니다. 당연히 '지금이 좋으면 그만이야' 하는 것으로는 형이상학의 채산이 맞지 않으니까요. 글을 쓰는 행위는 미래를 향해 무언가를 전하려고 하는 것입니다. 물론 대부분 전해지지 않을 것이고, 아마도 전해지기를 바라서는 안 될지도 모릅니다. 하지만 이것을 포기할 수는 없지 않습니까?

'시작이란 무엇인가?'

후루이/ 형이상학을 추구하는 사람이 생존이나 세계의 근원을 끝까지 밀고 나갈 수 있느냐 하면 그럴 수 없습니다. 아리스토텔레스 이후로 줄곧 그랬습니다. 그러나 '끝까지 밀고 나갈 수 없다'는 것에 발 디딜 곳 하나가 있다는 예감이 듭니다. 그것은 자손대대로 남길 수 있습니다. 바로 발 디딜 곳을 찾으려는 의지입니다. 만약 그것이 없어져 곤경에 빠지면 사람은 살아갈 수 없을 것입니다.

사사키/ 하이데거는 '그룬트Grund'라는 말에는 토대를 이루는 대지이자 근거라는 이중의 의미가 있다는 점을 중요하게 여겼습니다. 간단하게 말하면 대지와 근거는 인간이 살아가는 밑바탕이며, 그것은 시와 예술과 결부되어 있다는, 매우 근원적인 논의를 펼친 것입니다.[01] 제가 학문적 스승으로 생각하는 피에르 르장드르라는 분도 하이데거가 말한 그룬트를 중시했는데, 그는 다른 비유를 끌고 들어왔습니다. 대지가 그대로 근거라면 대지가 있는 것만으로 저절로 근거가 생겨나고 만다, 그곳에는 인위적인 것이 개입하지 않는다고 말입니다. 어디까지나 제 추론이지만, 그래서 르장드르는 에샤포다주échafaudage라는 말을 자주 쓴 듯합니다. 이 말은 프랑스어로 '(대부분은 임시적인) 건축용 발판'이나 '잡스럽게 쌓아 올린 것'이라는 뜻입니다. 요컨대 너덜너덜한 나뭇조각이나 썩은 나무, 끝이 무지러지거나 녹이 슨 못이라도 열심히 찾아 모아 만든 가설 발판입니다. 굳이 이 단어를 써서 그는 '법이나 예술의 발판'이라는 말을 합니다. 아주 겸허한 표현이지요. 즉 임시적인 것이라도 좋으니까 후세에 남길 만한 발디딜 곳을 만들겠다는 의지가 있어야 한다는 말입니다. 하지만 후세 사람들은 그것을 발로 차거나 짓밟으면서 고마워하지 않을지도 모릅니다. 그래도 그런 발판 하나를 통해 후손들은 앞으

---

01 이와 관련된 더욱 깊이 있는 논의는 사시키 아타루의 『바스러진 대지에 하나의 장소를』(김소운 옮김, 여문책, 2017)을 참조.

로 나아갈 수 있지요.

후루이/ 소크라테스 이전의 고대철학을 보더라도 그들이 마주한 것은 정말 무지막지한 물음이었습니다. 현대인이 보면 어이가 없어 절망할 것 같은 질문 말입니다. 예컨대 '시작(아르케)이란 무엇인가?'를 생각합니다. 시작이란 근거이기도 합니다. 그전에 무엇이 있었는가? 또 그전에는 무엇이 있었는가? 성서에 따르면 '태초에 말씀logos이 있었다'고 합니다. '시작'이 있었다는 것이지요. 그전에는 무엇이 있었느냐고 물으면 '태초라고 했잖아? 이러쿵저러쿵 구시렁대지 마!' 하겠지요. (웃음) 그런데 '시작'을 묻는 일이야말로 새로움의 근원이고 다시 태어남의 근원입니다. 기존의 것을 다 교체하고 다음으로 나아가는 것…….

사사키/ '시작'이란 곤란한 문제입니다. 그것은 근거인 동시에 개벽이고, 거짓이든 임시방편이든 '시작은 이것이다' 하고 똑부러지게 단절하지 않으면 다음으로 나아갈 수 없습니다. 물음을 금지하고 여기에 시작점을 두어야 하는 것입니다. 이를 르장드르는 '도그마dogma'라고 일컫습니다. 도그마라고 하면 다들 무조건 혐오를 드러내지만, 그리스어까지 거슬러 올라가면 이 말은 결코 부정적인 뜻이 아닙니다.

후루이/ '의견'이라는 뜻이지요.

사사키/ 그렇습니다. 더욱 거슬러 올라가면 '그렇게 보이는 것', '나타난 것', '겉보기'를 의미하고, 그로부터 공리·원리·결정·미화·장식·결의, 그리고 의견이라는 뜻이 파생합니다. 한마디로 근본적인 '결정'이 미적인 것으로, 또 인위적이고 예술적인 것으로 나타난다는 것을 한꺼번에 보여주는 말입니다.

후루이/ '저놈이 멋대로 생각한 것'이라고 할 때도 그 말을 씁니다.

사사키/ 그래서 도그마라는 말을 통쾌한 자기 상대화의 도구로
도 활용할 수 있습니다. 그러나 인간의 행위를 계속하고 갱신하
기 위해서는 단호하게 한 번 뚝 끊고 그 지점을 발판으로 삼자
는 것입니다. 만드는 방법도, 놓아두는 장소도 틀렸을지 모릅니
다. 그러나 여하튼 여기에 발판을 놓아두지 않으면 모두들 침몰
한다는 것입니다……. 실로 니체가 '근본적 오류'라고 부른 것이
이것입니다. 결국 오류일지 모르지만 그것 없이는 살아갈 수 없
는 오류인 것입니다.

백팔번뇌, 칠전팔기

사사키/ 지금까지 릴케의 『두이노의 비가』 중에 "나는 옳다고 하
는 일을 해야 하는 것은 아닐까?"라고 번역해온 한 구절이 있습
니다. 후루이 씨가 『시에 이르는 골목詩への小路』에서 이것을 "나
는 잘못하고 있는 것은 아닐까?"라고 번역한 것을 보고 진심으
로 감명을 받았습니다. '잘못하고 있는 것은 아닐까?'는 잘못하
고 있을지도 모른다는 뜻입니다. 아까 말했듯 그것 없이는 삶이
있을 수 없는 '근본적 오류'의 문제와 연관됩니다. 잘못일지 모
르지만 후세를 위해 해야 하고, 예술이나 언어로 만들어내야 할
'무언가' 말입니다. 우리가 글을 쓸 때도 잘못하고 있을지도 모

른다고 느낄 때가 있지 않습니까?

후루이/ 비관주의와 낙관주의는 총합을 이룹니다. 고대 사람들은 좀더 순박하게 사물을 똑바로 보려고 애썼지만, 그것 자체는 대수롭지 않았을지도 모릅니다. 다만 그 연장선상에 있는 무언가를 딛고 나아가야 한다고 생각했지요. 어떤 곳에서는 역삼각형 같은 발판을 겨우 마련했지만, 그 아래가 또 있다는 것을 말입니다.

사사키/ 아까 이야기한 그룬트, 즉 근거의 대극점에 '아프그룬트 Ab-grund', 근거 없음, 다시 말해 무근거 또는 심연이 있는데, 이 둘은 표리일체를 이룹니다. 하이데거는 "모든 것에는 근거가 있다. 이 명제 자체에는 근거가 없다"고 아주 예리하게 말했습니다. 그럼에도 근거나 근거를 있게 하는 '발판'을 두어야 한다고, 모든 사람이 심연 속에 빠진 채 아무런 방법도 없이 손 놓고 있어서는 안 된다고 말입니다.

후루이/ 게다가 근거가 완전히 없다고 한다면 우선 언어가 성립하지 않잖습니까. 한 마디 한 마디가 흔들릴 것입니다. 또 언어를 쌓아 올릴 수도 없습니다. 우리가 몸담고 있는 좁은 의미의 문학에서도 근거에 이르는 감촉은 어지간히 얻을 수 없지만, 자기가 하는 작업의 앞길에 무언가 있을 거라고 생각합니다. 사실은 일을 하면 할수록 알 수 없어지지만 말입니다. (웃음)

사사키/ 그러나 거기에는 근거가 있다고 생각하지요.

후루이/ 근거가 있기 때문에 지금 하는 일이 성립할 것이라는 식으로 거꾸로 생각하기도 합니다.

사사키/ 언어가 아니면 근거가 성립하지 않는데도 근거를 성립시키는 작업도 언어로밖에 할 수 없습니다. 사다리를 올라가면서 사다리의 아랫단을 조금씩 잘라내며 윗단으로 올라가는 것 같은 모양입니다.

후루이/ 따라서 동물이 인간을 보고 웃는 게지요.

사사키/ 실로 릴케가 『두이노의 비가』에서 노래했지요. 인간은 단단히 뿌리를 내리지 못했다고요.

후루이/ 저들은 앞을 보고 있지 않다고, 영원을 보지 않는다고 했지요.

사사키/ 비트겐슈타인도 재미있는 말을 했습니다. 문에 자물쇠가 채워져 있지 않더라도, 당겨서 여는 문이 아니라 밀어서 여는 문이라는 생각을 못 하는 사내는 끝내 갇혀서 밖으로 나오지 못한다고 말입니다. 아마도 물건을 만들거나 언어로 글을 쓰거나 생각하는 일은 이 사내의 백팔번뇌, 칠전팔기와 같습니다. 후루이 씨의 말을 빌리면, 정신 못 차리는 얼빠진 짓, 매우 엉뚱하고 생각 없는 짓을 한다는 말이 됩니다.

후루이/ 그렇습니다. 그러나 인류는 그런 짓을 오랫동안 해왔습니다. 그것에 관한 종말은 아직 오지 않았습니다. 언어는 잘도 살아남았습니다. 에트루리아Etruria[북부와 중부 이탈리아의 고대 명칭]어도 언어로서 어딘가에 불똥을 튀기고 있으니 말입니다.

사사키/ 기특하게도 우리 앞에 도착했지요. 그렇다면 이 불초한 저 자신도 그럴 수 있다는 말이겠지요.

후루이/ 신통한 일입니다. 정말!

'알지 못할' 정도로 읽는다는 것

사사키/ 그런 세계와 언어 자체를 두려워하는 것을—본인을 앞에
두고 말하려니 쑥스럽지만—저는 후루이 씨를 통해 배웠습니다. 그것은 광기입니다. 골계이고 얄망궂음입니다. 하지만 그것
은 그대로 대단한 낙천주의 자체입니다. 아무리 자신이 골계적
이라고 하더라도 '흥, 그것 보라고! 언어는 없어지지 않았어!' 하
고 말할 수 있다는 것입니다.

후루이/ 사사키 씨가 말했듯 읽으면 읽을수록 알 수 없어집니다.
책을 읽고 감명을 받지만, 감명을 받으면 받을수록 내용은 잊
어버립니다. 감동의 물결 같은 것만 내면에서 출렁이지요. 그러
면서 과연 '나는 무엇에 그토록 감명받았을까' 하고 의아해하
고…….

사사키/ 굉장한 책을 읽었구나 하고 감명을 받고, 남에게 그 감동
을 전하지요. 하지만 무슨 내용이 쓰여 있었느냐는 질문을 받으
면 갑자기 목소리도 잠기고 말문이 막히고 맙니다.

후루이/ 일단은 그 책을 자기 안에 꽁꽁 숨겨놓았기 때문입니다.
'알지 못할 정도로 읽는' 독서방식이 우리의 청년 시절, 특히 이
른바 문학청년들에게는 일반적이었습니다. 알지 못하니까 읽는
다는 것이지요. 그것이 점점 세상이 변한 덕분인지, 교육이 변한
덕분인지, 거꾸로 흘러가고 있습니다. 알지 못하는 것은 재미없
다고 말입니다.

사사키/ 이것은 대단히 기묘한 이야기입니다. 이야기가 중구난방

으로 흘러갑니다만, 이를테면 우리가 보아온 여성이든, 여성이 보아온 남성이든, 다음에 무슨 말을 할지, 무슨 행동을 할지, 처음부터 꿰뚫어볼 수 있는 사람과 무언가를 하고 싶어지느냐 하면…….

후루이/ 하고 싶지 않지요.

사사키/ 알지 못하기 때문에 몇 번이든 만나고 싶고, 몇 번이든 다시 읽고 싶은 것입니다. 물론 시대의 추세도 작용할 테니까 얘기하기 어려운 점도 있지만, 이런 미묘한 사정을 살피는 사람은 아직 있을 것입니다. 목소리는 크지 않을지도 모르지만 확실히 있지요.

후루이/ 그럼요. 있고말고요. 없다면 얼마나 황량하겠습니까? 여하튼 우리 얘기가 통하는 것을 보면 꽤 있다고 봐야겠지요.

'춤'으로서……

후루이/ 방금 불현듯 생각났는데, 30~40년 전에는 대화할 때 언어와 언어 사이의 간격이 지금보다 길지 않았을까요? 이야기를 이어가는 동안 침묵의 순간이 길었습니다. 그 틈이나 침묵 안에서 이야기가 한 번 확산되지요. 개인을 뛰어넘어 많은 사람 사이로 확산되는 경향이 있지 않았을까요? 침묵의 순간에 자연스레 귀를 기울인다고 할까……. '상대방이 무슨 말을 할까?'라는 것뿐 아니라 '이 언어가 어떻게 부풀어 오를까?'라는 물음이 모든 곳에서 들어왔습니다. 지금은 진공을 꺼리잖아요?

사사키/ 글쎄 말입니다. 왜 그런 걸까요?

후루이/ 언어를 단지 전달의 도구로 생각하기 때문이 아닐까요? 대화에는 자기 말을 상대에게 하고, 넓은 곳으로 그 말이 흘러들어가고, 그다음 그것이 자기에게 되돌아오는 운동이 있습니다. 대화는 상대와 주고받을 뿐 아니라 개인과 '사람 일반'을 왕복합니다.

그런데 대화 가운데 어설프게 침묵을 놓아두면 다음에 무슨 말이 나올지 모릅니다. 혹은 완전히 말문이 막힐지도 모르고요. 오늘날의 인간은 그것을 두려워하는 듯합니다. 버튼을 누르면 바로 언어가 나오는 습관에 흠뻑 빠진 것일까요? 컴퓨터 작동이 좀 오래 걸리면 일을 진척하는 데 어려움을 겪잖아요.

사사키/ 그렇습니다. 언어는 하룻밤 사이에 몸에 꼭 맞을 수 없습니다. 실은 컴퓨터로 글자를 표시하는 폰트 말입니다만, 글자 하나하나를 만들기 위해서는 디자이너들의 막대한 품이 듭니다. 언어에 관련된 작업은 어느 것 하나 간단하지 않지요.

후루이/ 한자를 한 글자 읽는 데도 그 뜻을 정하고 이해하는 짧은 시간에 엄청난 여행을 하는 셈입니다. 이것은 거절의 타이밍이나 설득의 타이밍 같은 효과의 문제가 아닙니다. 언어는 방황합니다. 자신이 받아들여지기 전에는 헤매고 돌아다닙니다.

사사키/ 어떤 목적도 없이 몽롱하게 한 조각의 언어 속에 진정으로 머물러 있는 순간이 있습니다. 방금 여행이라고 하셨는데, 언어가 움직이는 폭이나 함의하는 범위는 정말 광대합니다. 언어의 재질은 우선 '소리'입니다. 소리의 연쇄지요. 그렇다면 지금 이렇게 말을 하는 것과 노래를 하는 것의 구별이 문득 사라지는 순간도 있다는 말입니다. '의미'라는 수수께끼도 언어 안에 내포되어 있습니다. 나아가 5,000년 전에 인간은 문자(조폭 같은 것)를 발명하고 말았습니다. 그때부터 이슬람, 중국, 그리고 일본에도 풍요로운 서도문화가 꽃피었습니다. 즉 언어는 '그림'이기도 합니다. 캘리그래피이기도 하고 그림이기도 합니다. 언어란 의미를 짊어진 유일한 음악이고, 의미를 짊어진 유일한 회화입니다. 그렇다면 문자를 얻은 문학이라는 예술은 그것만으로도 종합예술입니다. 아무리 생각해도 그렇습니다.

다른 예술은 7만 년의 역사를 갖고 있습니다. 문학은 5,000년밖에 지나지 않은 풋내기 예술입니다. 그런 주제에 문학만으로, 언어만으로 이미 예술입니다. 그 안에 의미·노래·그림이 다 들어 있습니다. 그뿐만이 아닙니다. 키보드를 두드리든, 손글씨로 쓰든 상관없이 한 문장, 한 줄에도 흐름이 있고, 틈이 있고, 리듬이 있는 까닭에 파도가 넘실거리듯 몸 전체로 글을 씁니다. 이것은 이미 춤입니다. 무도舞蹈입니다. 글을 읽는다는 것은 써놓은 글의 흐름에 따라 리듬과 틈을 잉태한 문체를 따라가는 것입니다. 그것은 춤꾼이 추는 동작의 흐름에 몸을 맡기고 그의 안무에 맞추어 춤을 추는 것입니다. 함께 춤추는 것입니다…….

후루이/ 책을 읽다가 훅 빨려 들어가면 뭔가 손에 잡힐 듯한데 잡히지 않아 발을 동동 구를 때가 있습니다. 그 순간 어딘가에서 목소리가 들려옵니다. "야, 춤 한번 어설프네." (웃음)

사사키 / "여보게, 그렇게 엉거주춤 움직이면 안 되네." (웃음)

후루이 / 큭큭, 그래요.

'현재'를 쓴다는 것은 무엇인가

사사키 / 문학은 나이 어린 예술에 애송이인 주제에—후루이 씨가
겸손하게 풋내기를 자처해도 되는지는 모르겠습니다만—종합
예술이라고 어깨에 힘을 주고 있습니다. 우리는 시건방진 일을
하고 있는 셈입니다. 춤이기도 하고 음악이기도 하고 노래이기
도 하고 회화이기도 한 욕심 많고 무모한 것을 바라왔지요. 하
지만 햇병아리 주제에 그 나름대로 꽤 잘해오지 않았나요?

후루이 / 언어를 시뉴signe라고 하지요. 시뉴는 그리스어로 세마sema
라고 하는데, 조짐을 말합니다. 예조豫兆! 그것을 밝히는 것이 견
자見者이자 현자賢者입니다. 신들이 부여한 징표라고 합니다. 그렇
다면 애당초 모르는 것을 어떻게 파악할까라는 문제가 됩니다.

　로빈슨 크루소가 해변에서 발견한 발자국이 있습니다. 이것도
세마거나 문자일지 모릅니다. 새가 날고 있는데 기묘한 모양으
로 날고 있네? 이것을 보고 점을 칩니다. 이것도 세마입니다. 움
직임이지요. 그리고 홀린 듯 춤을 추는 사람이 있지요. 묘한 동
작의 춤도 어떤 징표입니다.

사사키 / 기무라 빈과 나카이 히사오, 전후 일본 정신의학자 가운
데 가장 뛰어난 업적을 남긴 사람들이 이야기한 '분열병질schizoid'

에 대해 간략하게 부연하면서 이야기하겠습니다. 처음부터 미래는 알 수 없기 때문에 기업의 계획이나 내년도 예산은 사실 미래가 아닙니다. 멋대로 날조한 것이니까요. 단지 망상입니다. '몇 년 몇 월까지 얼마나 수익을 낼 것인가?'를 생각하는 것 자체가 미래를 과거화하는 것입니다. 한편 진정한 미래는 어떤 것일까요? 한순간 다음에 무슨 일이 일어날지 긴장감에 떨며 응시하는 것입니다. 조짐에, 징표에, 잠자코 귀를 기울이고 시선을 집중하며 오감을 곤두세워 기다리는 상황……. 그것이 평생 계속되는 것이 분열병질입니다. 대개 시인들이 이렇습니다.

후루이/ 아, 과연!

사사키/ 릴케의 일기를 읽으면 '원原 잡음'이라는 말이 나옵니다. 환청을 듣는데, 이것이 분열병질이라는 것을 알 수 있습니다. 철학자·시인·신비가, 또는 수학자·물리학자 중에 그런 사람이 많습니다. 그런데 그들이 '단지 정신병에 걸렸다'고 설명해서는 안 됩니다. 그것은 결과론적인 설명일 뿐, 그렇지 않습니다. 그들은 한순간 다음의 조짐에 귀를 기울이고 시선을 집중하는 견자이자 현자입니다. 지금 여기에 모든 것을 걸고 온통 긴장하면서 무언가의 징표를 받아들이려고 몸을 떨고 있는 것입니다.

후루이/ 광인이지요. 사사키 씨가 말한 '자신이 미쳐 있는지, 세계가 미쳐 있는지 알지 못하는 것'이 광기 자체가 아닐까요.

사사키/ '내가 미쳐 있다'고 자각하고 있다면 대수롭지 않은 일입니다.

후루이/ 그렇지요. 체념하거나 투항하면 되니까…….

사사키/ 오에 겐자부로 씨와 후루이 씨가 대담을 나눌 때 무척 재미있다고 할까, 저로서는 심박 수가 요동치는 말을 했습니다. 오에 겐자부로 씨는 후루이 씨가 현재를 쓰고자 하는 것이 아니냐고 말했지요. 한마디로 소설이나 시, 철학적인 글도 그러한데, 역시 과거를 이야기합니다. 그래서 아무래도 언어는 현실에 뒤떨어지고, 그것은 어쩔 수 없다는 생각에 기울지요. 그러나 그것은 '정보'랄까, 경직된 언어를 파악하는 방식에 지나지 않습니다. 진실로 '지금 여기'를 붙잡으려고 한다면 그것은 '현재'가 아니라 현재보다 살짝 앞선 미래, 1초 후의 '조짐'에 귀를 기울이는 것이어야 합니다.

후루이/ 그렇습니다.

사사키/ 오에 겐자부로 씨가 후루이 씨에게 이야기한 것은 바로 그 점이라고 생각합니다. '지금 여기에서 춤추기!', 후루이라는 작가는 그런 일을 해왔습니다. 후루이 씨가 릴케에게 매력을 느끼는 것도 그런 점이 아닐까 짐작하는 바입니다.

후루이/ 아쿠타가와 류노스케芥川龍之介가 「톱니바퀴齒車」라는 작품을 썼습니다. 어느 정도 나이가 들어 이 작품을 읽으면 누구나 문장에 난해한 점이 있다고 느낄 겁니다. 마구잡이로 '그런데'가 많습니다. '이러이러하다'로 끝내고 나서 '그런데'가 붙습니다. 이것을 파고들면 '그런데'는 징조를 느낄 때 무르춤하게 머물러 있는 모양입니다. 그럴 때는 언어를 이어나가지 못합니다. 그래서 반복적으로 '그런데'가 옵니다.

사사키/ 입을 떼지 못하는 것이지요.

후루이/ 침묵하고 있는 셈이지만 글을 쓰고 있는 상황이니까 언어를 이어나가야 합니다. 언어를 이어나가면 비유밖에 되지 않고, 그 비유는 얕은 여울로 흘러가는데, 또 '그런데'가 따라옵니다. 그것은 무슨 연유일까요? 사람들은 '악문惡文'이라고 하는데, 나는 그 점이 이 소설의 생명이 아닐까 생각합니다.

알지 못하는 것을 쓰다

사사키/ 생생한 '삶'이나 '현실'은 언어 밖에 있고, 언어는 그것을 뒤따라가는 열등한 복제에 지나지 않는다고, 다시 말해 언어는 삶이 아니라 죽음이라고 합니다. 이 말은 서양 형이상학의 못된 말버릇이지만 우리에게는 친숙한 사고방식입니다. 그렇다면 유럽이 이 못된 말버릇을 계속 반복했을 뿐일까요? 그것은 당치도 않은 말입니다. 니체의 어법을 빌리자면 실로 생의 한가운데에 자리 잡고 있으면서 '지금 여기에서 춤추는 것'이 문학의 본질이 아닐까요?

후루이/ 그러게 말입니다. 언어가 현실의 복제라고 한다면 창세기에 나오는 '태초에 말씀이 있었다'는 성립하지 않잖아요.

사사키/ 확실히 그렇지요. (웃음) 그런 뜻에서 후루이 씨에게 묻고 싶습니다. 릴케와 같이 귀를 기울이고 시선을 집중하고 춤을 추려고 하자마자 귀가 멀고 눈이 멀고 몸이 얼어붙는 순간이 있습니다. 그 순간 소름 끼치는 절박함이 있습니다. 그 절박함을 짚어진 시인이 후루이 요시키치 안에 있는 것이 아닐까 생각합니다. 다시 말해 후루이 씨 소설 안에는 춤을 추는 동작 다음에 나올 한 발짝의 몸짓도 알지 못하는 경탄스러운 광기의 순간이 확실하게 있습니다. 저는 그것에 홀려 있는 독자의 한 사람입니다. 자기 안에 있는 시인을 후루이 씨는 어떻게 생각하고 있는지요? 왜 시가 아니라 소설을 쓰는지요?

후루이/ 타인에게 '무슨 일을 하고 있습니까?' 하는 질문을 자주 받습니다. '소설을 쓰고 있다'든가 '문학에 종사한다'고 대답하지만, 실은 내 머릿속에는 대답이 하나밖에 없습니다. 독일어로 디히텐dichten입니다. 이것은 함축성 있는 의미이기는 하지만 그밖에는 달리 생각나지 않습니다. 시인은 디히터dichter입니다. 독일어로는 시를 쓰는 것도, 소설을 쓰는 것도 디히텐입니다. 어원에 관해 이런저런 설명을 하는 사람이 있는데 잘은 모르겠습니다. '바짝 조리는 것'이라고 하는 사람도 있고요. 어쨌든 합리적인 의미의 '글쓰기'와는 다릅니다. 한 순간의 징조, 그다음 순간의 현실에 시선을 고정하거나 귀를 기울입니다. 또는 그것을 가까이 불러 모으려고 몸을 움직이기도 합니다. 결국은 '춤'입니다. 아무래도 이런 언어밖에는 떠오르지 않는군요.

사사키/ 시나 소설이나 마찬가지입니까?

후루이/ 저는 시, 소설, 평론을 거의 구분하지 않습니다. 전부 디히텐이라고 생각합니다. 지극히 이론적으로 썼다고 해도, 논리적으로 쓰면 쓸수록 비논리의 늪에 풍덩 빠지잖아요. 그럴 때 신기하게도 붓이 활기차게 움직이는 경우가 있습니다.

사사키/ 그럴 때가 있지요. 앞서 나가는 것인지, 꽁무니를 쫓아가는 것인지 알 수 없을 만큼 격앙해서 '어라, 도대체 지금 내가 무슨 글을 쓰고 있지?' 할 때 말입니다. 자화자찬이 됩니다만, 『야전과 영원』은 될수록 논리적으로 썼고 주석도 잔뜩 붙였습니다. '어쩌면 내가 하는 말에는 아무런 근거가 없을지도 모른다'는 걱정에 집요하게 주석을 달았어요. 'A는 B다. C는 A다. 따라서 C는 B다.' '이렇게 하면 틀림없이 앞뒤가 딱 맞아떨어지겠지?' 하고 되뇌며 바싹 죄어들었어요. 그러다가 문득 '도대체 난 무엇을 쓰고 있지? 이게 뭐야?' 하고 눈이 부릅떠지는 순간이 있었습니다. 말하자면 '나한테서 이런 글이 나올 리 없어. 내가 알지 못하는 것을 쓰고 있잖아' 하는 순간 말입니다.

후루이/ 그럴 때가 있지요.

사사키/ 논리로 파고들면 파고들수록 반대되는 것이 튀어나오고 맙니다.

후루이/ 해변에서 발자국을 발견한 로빈슨 크루소는 그것이 자기 발자국이 아니라는 것을 알게 됩니다. 그렇다면 '누군가 있다'고 생각하는 것이 자명한 결론이잖아요. 하지만 그런 생각을 못 해요. 문학은 '세계가 미쳤는지, 내가 미쳤는지' 모르는 지경까지 내달립니다. 그런 지점에서만 표현력이 나옵니다. 이것이 '새로움을 찾아 헤매는 것'이겠지요? 그 어떤 새로움 말입니다.

딱 한 권 남은 『무궁화』를 열일곱 애송이가……

후루이/ 언어는 이토록 즐거운 것이군요. 고통스러운 마음으로 하는 말입니다만.

사사키/ 그것은 '머리가 돌았다'고 할지 '미쳤다'고 할지, 이 상태를 통틀어 뭉뚱그린 의미에서 '사흘 동안 임하면 그만둘 수 없는 것'이라고 할 수 있겠지요.

후루이/ 따분해할 틈이 없습니다. 확 잡아당긴 채 끌려다니기도 하고 한껏 놀림을 당하기도 합니다.

사사키/ 콱 납작하게 밟히기도 하고 매섭게 혼나기도 하니까요.

후루이/ 오랫동안 기댈 곳이 되어주다가 중요한 대목에서 '흥, 내 알 바 아니야' 하고 내빼고……. (웃음)

사사키/ 성질이 더러워요. 골칫덩어리……. 그렇기 때문에 즐기는 것이죠. 그 즐거움은 언제나 전해집니다.

후루이/ 세계의 존속과 관계가 있지요. 언어와 장난치는 것은 세계의 존속과 관련 있습니다.

사사키/ 이미 산출해낸 것은 어떻게 손을 댈 수 없으니까요.

후루이/ 당시에는 아무 소용이 없는 것이라도 나중에 무엇을 가져다줄지 알 수 없습니다.

사사키/ 실로 아직껏 우리 세계의 초석을 이루는 『로마법 대전』은 600년 동안이나 깡그리 망각해버렸으니까요. 우리도 어처구니없이 소중한 것을 잊고 있을지도 모릅니다. 내일쯤 홀연히 발견해서 소란을 피울지도 몰라요. 망각해버린 것도 하나의 '틈'이고, 몇백 년이나 틈이 있을지도 모릅니다.

후루이/ 설령 약간의 사료史料조차 나오지 않는다 해도 우리 안에 입력되어 있겠지요. '생각해보니 알겠다'는 것은 개인의 차원입니다. 생각해보니 매혹적이지만 아무리 해도 알 수 없다면 이것은 옛사람의 차원으로 이어집니다. 문득 끝도 없이……. 막부 말기의 고증학 문인들은 이전 시대까지 거슬러 올라가 성대聖代의 언어로 공자의 가르침을 이해하려고 했습니다. 사료도 변변히 없는데 그것을 조사하고 열심히 공부합니다. 그 시대의 중국어에 통달한 사람이라도 옛날 중국어를 읽기는 어렵습니다. 불교 경전에는 한어漢語와 산스크리트어의 대역對譯이 있다고 합니다. 그것을 읽고 불교를 연구하는 것이 아닙니다. 중국어의 오래된 성조를 어떻게든 알아내려는 것이지요.

사사키/ 어이쿠, 보통 일이 아니군요.

후루이/ 무모하게 달려든 셈이지만 정말 열심을 다했습니다. 당시에는 초로初老라고 할 만한 40대의 가리야 에키사이狩谷棭齋와 이치노 메이안市野迷庵이 얼굴을 마주보고 "자네나 나나 언제까지나 소년으로 지내세" 하며 웃었다고 합니다. (웃음)

사사키/ 흐뭇한 얘기입니다. 풋내기들이 골계적이고 아무짝에도 소용없는 일에 열중하고 있으니까요. 하지만 그것이 결국은 일을 내고 말지요.

후루이/ 무슨 일인가 내고 맙니다. '거슬러 올라가자'는 뜻만큼은 똑똑히 전해집니다.

사사키/ 거슬러 올라가고 또 올라가지요. 소용도 없고 성과도 없

고 이치에도 닿지 않지만 그게 뭐 어떠냐는 것입니다. 그런 의사
가 잘 전해집니다. 감히 젊은 시절의 추억담을 말씀드리자면, 후
루이 씨가 『무궁화槿』를 쓴 것이 아마도 1983년일 겁니다. 그 후
7년이 지나 무슨 바람이 불었는지 시골 작은 서점에 딱 한 권
남은 『무궁화』를 열일곱 애송이가—아직도 애송이지만 그때는
훨씬 더 애송이였지요—턱하니 집어 들었습니다. 물론 열일곱
풋내기가 뭘 알고 샀을 리는 없겠지만, 적은 용돈으로 그 책을
산 것은 똑똑히 기억합니다. 다도코로田所 서점이라는 책방 이름
도 기억하고요. 열여섯을 두 달 앞두고 고등학교를 자퇴하고 나
서 가정형편상 돈을 벌었습니다. 대학을 나온 인간이 거의 없는
시골에다 문화적으로도 눈뜨지 못한 가정에서 태어난 미개한
애송이가 무슨 연유인지 후루이 씨의 책을 집어 들고 방황의 길
로 접어들었습니다. 천하의 후루이 요시키치라고는 해도 시골
고등학교를 그만둔 후줄근하고 미천한 애송이가 자기의 장편소
설을 읽고 눈을 떴다고는 상상도 못 했겠지요. (웃음)

후루이/ 남은 책 한 권을 사주었다니 참 다행입니다. 책을 발간하
고 나서 여기저기 서점에 책이 한 권씩 남아돌면 출판사에서 싫
어합니다. 다 챙기면 꽤 방대한 양이 되거든요. 오늘날과는 달
리 옛날에는 작은 동네 서점에 책이 굴러다녔지요. 그런 책방은
이제 드물 겁니다.

그나저나 얼씨구 왕성하구나

후루이/ 그렇다고 해도 역시 너무 슬픈 이야기는 하지 않는 것이 좋습니다. 성서에도 있잖아요? "너희는 슬퍼하지 말라" 하는 예수의 말씀…….

사사키/ 과연 예수님이군요. 겉멋으로 신의 아들 노릇을 하지는 않았네요. (웃음)

후루이/ 슬픈 표정을 짓는 사람은 변변한 얘기를 못해요.

사사키/ 웃으면 복이 온다고 하잖아요.

후루이/ 그렇게까지는 말하지 않았어요. (웃음) 하지만 나로서도 처녀작 「목요일에」를 낸 이후부터 실제로 높은 산에 혼자 올라갔을 때 매 순간 한 치 앞을 생각하면 위태로웠습니다. 한 치 앞은 광명일지도 모르잖아요.

사사키/ 슬픈 예감이 들면 산을 오를 수 없겠지요. 물론 절벽 끝 벼랑에서 떨어질지도 모르지만, 그런 것이 재미있지 않습니까? 저는 산에 올라가지 않지만 친구 중에는 등산하는 사람이 꽤 있어요. 그들의 말에 따르면 겨울 산에 올랐다가 '이크, 큰일이다!' 싶을 때는 곧장 야영을 하라든가, 올라갈 때보다 내려올 때가 조난당하기 더 쉽다든가, 마요네즈나 초콜릿 같은 칼로리가 높은 것을 가져가야 한다더군요. 그런 경험담을 즐겨 듣는 편입니다. 얘기를 더 해달라고 조르지요. (웃음) 후루이 씨는 무엇보다 공습 체험이 있겠지요. 당시부터 여러 작가가 말한 바 있는데, 공습은 '세계의 종말'이었지 않습니까.

후루이/ 그렇습니다. 나아가 새로움의 계기였습니다. 어떤 의미에서는 힘이 넘쳐요.

사사키/ 후루이 씨의 소설에 반복적으로 나오는 묘사가 있습니다. 공습으로 폐허가 된 곳에서 여인과 정을 나누는 것 같은. '그나저나 얼씨구 왕성하구나' 하는 상태지요. (웃음) 사카구치 안고도 '이제 역사가 끝장나고 세계가 끝장나고 남자들이 모조리 죽겠구나' 하고 생각하던 참에 딱 전쟁이 끝나고 보니 '그런 일은 없었다'고 말했습니다. 그러면서 『타락론』을 썼지요.

후루이/ 정말 끝장이 났다면 언어는 소멸했겠지요?

사사키/ 말을 할 수 없어졌을 테니까요. 글을 쓸 수 없어졌을 테니까요. 그러나 실제로는 '그나저나 얼씨구 왕성'했습니다. 후루이 씨의 소설을 읽으면 일부러 밀치락달치락하면서 바지런하게 일하는 여성들이 있는가 하면 억세게 소리치는 여성도 있습니다. 그런 폐허 속에서도 새파란 하늘 아래 남녀가 몸을 섞지요. '끝장났다'고 여겼더니 '웬걸, 잘못 생각했다'는 장면이 많이 나옵니다.

후루이/ 문학은 넓게 보든 좁게 보든 일단 쓸모없는 것이기 때문에 생각지도 못한 전개로 흘러가기도 하고 과거로 미끄러지기도 합니다. 따라서 진정 질리지 않습니다. '싫증났다'고 말하는 사람에게는 '옛날 사람의 글을 읽으라'고 말하고 싶습니다. (웃음) 대체로 인간은 유년기부터 소년기에 걸쳐 쓸데없는 짓만 하는 법입니다. 동물이라면 그럴 수 없지요. 걸음마를 시작하자마자 반사신경을 키워놓지 않으면 살아남을 수 없으니까요. 인간은 그 대신 대뇌, 즉 사물을 느끼거나 생각하는 능력이 발달했지요.

언제까지, 어디까지 쓸 것인가

후루이 / 마쓰오 바쇼[02]가 '시는 질리지 않는다'고 말했습니다. 자신의 작품이(이 말이 타당한지는 알 수 없지만) 자신의 독자(이것도 타당한지 의문이지만)에게 전해지는 동안에는 여러 사람이 매달립니다. 바쇼의 독자는 대개 호사가나 매우 수준 높은 아마추어이기 때문에 부러운 생각이 들지만 작품이 팔리는 일은 적었지요. (웃음) 이것과 오늘날의 우리는 비슷한 처지입니다. 어떻게 해서든 먹고살 만큼은 팔리잖아요? 그 대신 컴퓨터류의 산업에 지배당합니다. 예전에 사사키 씨가 『무궁화』를 발견한 무렵에는 대다수 서점에 책이 들어간다는 소견이 일반적이었지만, 그 후 점점 싸움판이 줄어들어 책이 들어가는 서점도 몇 안 됩니다. 책을 내더라도 팔릴 만큼만 바짝 팔리고 그것으로 끝!

그런데 이런 상황에서 포기해버리면 자유를 얻을 수 있습니다. '기계로 쓱싹 처리해달라'고 말하고 싶은 것이 있어요. 귀찮은 인간관계 때문에 구시렁구시렁할 필요 없이 차라리 컴퓨터

---

02 松尾芭蕉: 1644~1694, 일본 에도 시대의 하이쿠俳句 시인.

로 판단하라는 것이지요. 얼마 되지 않아도 독자들에게 전해지면 족합니다.

사사키/ 후루이 씨도 그런 생각을 하는군요.

후루이/ 물론 생각합니다. 생업에 관해서는 불평하지 말자는 주의입니다. 불만을 이야기하면 글이 더러워지니까요.

사사키/ 저는 '불평하지 말자'는 것을 후루이 씨에게서 배웠는지도 모릅니다. 동서고금에는 철학자조차 불평 같은 것을 철학의 이름을 빌려 이야기하는 사람이 있습니다만…….

후루이/ 옛날에는 철학적으로 불평하는 사람도 여유 있게 즐길 수 있었습니다. 즐길 수 있게 되어 있었으니까요. 권력을 깡그리 빼앗겨도 언어의 지배력은 있잖아요. 얼마든지 사람은 계속해나갈 수 있습니다.

사사키/ 턱없이 곤란한 즐거움일지도 모르고 고난에 찬 길일지도 모르지만 그래도……. 후루이 씨는 언제까지 글을 쓸 생각인지요?

후루이/ 뭐 살아 있는 한 쓰려고 합니다. 손발을 움직일 수 있는 한……. 아직 아무것도 쓰지 못했다고 생각하는걸요. (웃음) '읽으면 읽을수록 알 수 없어지는 것'과 마찬가지입니다. 쓰면 쓸수록 표현할 수 없어집니다. 결국에는 노래하라는 것이겠지요? (웃음)

　그래서 떠오르는 생각인데, 원자론을 정립한 데모크리토스라는 철학자가 있습니다. 이 사람의 이론에 대해 아리스토텔레스가 해설을 하는데요. 원자론의 근간을 이루는 세 가지 개념을 들고 그중 하나를 '질서'라고 설명합니다. 그런데 최근에 어떤 학자가 "이것은 질서가 아니라 춤의 박자tact를 말하는 것이 아닐까?"라고 말했습니다. 질서와 박자는 지극히 인연이 깊은 언어입니다. 질서는 하모니잖아요. 원자가 모여 물질을 만들기도 하고 분산해 해체하기도 합니다. 그것은 춤의 박자에 의해 이루어진다는 말입니다. 그런 점에서 또 한 가지를 생각하면 아리스토텔레스의 '질서' 자체 같은 것을 이야기한 것이 아닐까 합니다.

사사키/ 근원적으로 그렇게 생각할 수 있겠군요. 질서는 리듬이니까요. 쿵하고 한 발을 내딛지 않으면 세계는 시작되지 않습니다. 재빨리 기회를 틈타 민첩하게 또 한 번 내디디면 두 발짝에 리듬이 되고, 그 리듬을 타고 수많은 물질이 춤을 출 수 있습니다. 그때 세계가 시작됩니다. 거꾸로 말하면 춤이나 음악도 실은 언어라고 말할 수 있습니다.

후루이/ 춤을 추면서 모이거나 흩어지거나 하지요. (웃음) 유쾌하지 않습니까.

사사키/ 유쾌하고말고요.

후루이/ 유쾌! (웃음)

『와세다문학 증간 π 早稲田文学増刊 π』, 2010년 12월호,

와세다문학 편집실

선별한 몇 권, 아무런 목적도 없이

달리 어쩔 도리도 없기 때문에 솔직하게 말하겠다. 필자는 이런 도서전에서 책을 고르는 사람으로서는 부적격자다. 이렇게 고른 책이 시간이 흘러감에 따라 새로운 전망이 나타나 점차 새로운 책을 추가해야 한다면 말이다. 내가 고른 책은 언제나 똑같기 때문이다. 거의 변함이 없다. 왜냐하면 책이란 반복해서 읽어야 하기 때문이다. 반복적으로 읽을 가치가 있는 책이 아니라면 다른 사람에게 추천할 수 없기 때문이다. 책은 다시 읽기 위해 읽어야 하고, 그리고 다시 읽기 위해서만 새롭게 읽기 시작해야 한다. 이것은 되풀이해서 읽을 책인가? 문득 독서 중에 떠오른 이 물음을 견디지 못하는 책은 당신의 양심에 비추어 읽기를 멈추어야 한다. 이렇게까지 말하면 지나칠까?

그럼에도 책은 하나의 수수께끼이기 때문에, 책은 하나의 고난이자 시련이기 때문에, 구제가 필요하지 않은 환희의 근원이기 때문에, 책은 열광의 씨앗이자 과실이기 때문에…… 의심쩍은 사람은 졸저 『잘라라, 기도하는 그 손을』 제1장만이라도 읽어보기 바란다. 다시 묻겠다. 당신에게 그 책은 반복해서 읽을 만한 책인가? 당신의 즐거운 밤에도, 슬픈 아침에도, 그 책을 곁에 두지 않으면 안 되는가?

책은 읽혀야 한다. 정보나 교양을 위해서가 아니라 오로지 오랜 굶주림의 나날 끝에 주어진 향기로운 빵을 씹으며 침을 흘리는 듯……. 책 읽기는 뙤약볕이 내리쬐는 여름날 오후 강행군을 마치고 그늘에서 벌컥벌컥 마시는 차가운 샘물과 같은 것이다. 책이 그렇게 읽히는 것이라면 반복하지 않을 이유가 어디에 있을까? 다음은 몇 권의 예외를 제하면 내가 그렇게 읽어온 책의 일부다. 그 이상도 그 이하도 아니다. 도움도 되지 않고, 얻을 것도 없고, 유익하지 않을지도 모른다. 이것을 읽고 있는 당신에게는…….

그러나 "내가 이제까지 들은 최상의 이야기는 요점이 없는 것이었고, 가장 좋은 책은 줄거리를 떠올릴 수 없는 것이었고, 최고의 인간은 같이 있어도 존재감이 없는 사람이었다."(헨리 밀러) 그렇기 때문에 그 이야기는 몇 번이나 듣고 싶고, 그 책은 몇 번이나 읽고 싶고, 그 사람은 몇 번이나 만나고 싶은 것이 아닐까? 반복이야말로 사랑을 증명하고, 반복을 가능하게 하는 것은 무언가가 될지도 모르는 수수께끼 자체다. 반복에 여봐란 듯한 편애나 신기함은 필요하지 않다. 그리고 맹목적인 독서의 한없는 행보가 이어지는 어느 먼 훗날, 당신은 자신이 무언가를 잉태했다는 것을 깨달을 것이다. 그것이 책의 힘이다.

* * *

미셸 푸코, 『성의 역사 1—지식의 의지』(이규현 옮김, 나남, 2004)

푸코가 쓴 최초의 한 권이자 최고의 한 권은 바로 이 책이라고 생각한다. 이 책을 계기로 질 들뢰즈와도 결별했다. 이루 말할 수 없는 예민함과 진지함이 있고, 냉혹하기까지 한 웃음이 울려 퍼지는 책이다. 사상사적 관심이 없다고 해도 성에 대해 조금이라도 고민했던 나날을 보내본 사람이라면 필독을 권한다!

나카이 히사오, 『아리아드네의 실アリアドネの糸』(미스즈쇼보みすず書房, 1997) **또는**
『가족의 심연家族の深淵』(미스즈쇼보, 1995)

일본어권에서는 최고의 지성이라 할 나카이 히사오. 그의 책을 뒷전에 미루어놓고 우리는 대체 무엇을 읽고 있다고 하는 것일까. 우선은 읽기 쉽게 누구에게나 흥미로운 발견을 선사해주는 한 권을 권한다. 물론 마지막에는 『나카이 히사오 저작집—정신의학의 경험中井久夫 著作集·精神醫學の経験』(전권, 이와사키岩崎학술출판사)에 가슴 두근거리며 머리를 들이밀고 뛰어들어야 한다.

루트비히 비트겐슈타인, 『확실성에 관하여』(이영철 옮김, 책세상, 2006)

비트겐슈타인의 최후의 사고가 이렇게도 집요하고 이렇게도 완강하며, 또 이렇게도 앞이 보이지 않는 것이었다는 점에 대해 실망을 품는 사람이 있다. 아니, 이것은 환희, 순연한 환희의 책이며, 갑자기 작렬하는 유머가 웃음을 부르는 책이기도 하다. 아무것도 갖지 말고, 아무것도 모른 채, 맨몸 그대로 한 걸음을 내디딜 것.

자크 라캉, 『자크 라캉 세미나 11—정신분석의 네 가지 근본 개념』(맹정현·이

수련 옮김, 새물결, 2008)

　자크 라캉 세미나를 읽을 만한 가치는 그 갈팡질팡한 점에 있
다. 시행착오에 있다. 솔직히 놀랄 일도 아니지 않은가. 엄밀하다
고도 하고 난해하다고도 하는 그의 매주 세미나가 때로 산만하
고, 때로 애매모호하고, 한 걸음 뗄 때마다 비틀거리며 나아간
다는 점 말이다. 이리 갔다 저리 갔다 하고 더듬거리면서 조금
씩 앞으로 나아가는 것에서 그의 모험은 감행될 수밖에 없었다
는 점 말이다.

프리드리히 니체, 『차라투스트라는 이렇게 말했다』(장희창 옮김, 민음사, 2004 /

김인순 옮김, 열린책들, 2015 등)

　유일하고 다른 누구와도 견줄 수 없는 철학의 초신성 니체의
최고 걸작. 모든 페이지에 눈이 부시고, 모든 페이지에 검은 어
둠이 있고, 그리고 낮게 울려 퍼지며 뜻밖에 튕겨 나오는 노래
가 있다. 몇 번이나 읽었는지 모른다. 대충 훑어본 것만도 아마
열다섯 번은 넘는다. 다시 읽어도 재미있는 것이 명저의 조건이
라면 이것을 뛰어넘는 책은 존재하지 않는다.

프리드리히 니체, 『이 사람을 보라』(이상엽 옮김, 지식을만드는지식, 2016 등)

　니체는 참으로 소름 끼칠 만큼, 그렇다. '소름 끼친다'는 말이
결코 과장스럽지 않을 만큼 절망적으로 오해와 이용과 통속화
를 당해왔다. 지금도 니체는 오소레잔恐山에서 왔다고 여겨진다

는 둥, '초인超人'이 아닌 '초역'이라는 둥 유행하는 차마 웃지 못
할 촌극이 한창이다. 우선 이 책을 읽어야 한다. 그리고 한 번이
라도 '웃음'소리를 내지 못했다면 당신은 니체를 읽을 수 없다.
책은 얼마든지 있으니까 니체를 떠나기 바란다. 진실로 실례를
무릅쓰고 말하지만 그 자신에 따르면 이러하다. "당신이 책을
선택하는 것이 아니다. 책이 당신을 선택할 권리가 있다." 그에
게 도전하라.

아르튀르 랭보, 『랭보 시선집』(장정애 옮김, 홍익출판사, 2001) **또는 『랭보 시선』**(곽

민석 옮김, 지식을만드는지식, 2012)

어쨌든 이 한 권을 곁에 두고, 머리맡에 놓아둘 것. 서둘러 읽
을 생각을 하지 말아야 한다. 당신이 몇 살이든, 그런 것은 관계
없다. 이 책 없이는 아무것도 시작되지 않을 것이다.

마르틴 하이데거, 『존재와 시간』(전양범 옮김, 동서문화사, 2016 / 이기상 옮김, 까

치, 1998)

현대사상의 화려한 싸움과 어두운 고민을 떠안은 당신이 이
책에서 흘러나왔다.

헨리 밀러, 『남회귀선』(오정환 옮김, 동서문화사, 2011)

참기 어려운 냉혹함과 음울함이 담긴 장면이 펼쳐지는 다음 순
간, 더할 나위 없는 생의 찬가가 폭소와 함께 울려 퍼진다. 20세
기 1인칭 소설의 금자탑! 다소 여성 멸시로 보이는 발언이 마음

에 걸리는 사람은 『그리스 기행—마루시의 거상』(김승옥 옮김, 은행나무, 2015)을 읽기 바란다. 풍요롭고 경쾌하며 진솔하고 명랑하면서도 구제 불능의 무언가를 흩뿌리고 있음을 알지 못하는 멋진 그리스 기행문이다. 「디에프-뉴 헤이븐 경유Via Dieppe-New Haven」, 「마드모아젤 클로드Mademoiselle Claude」 등 중단편도 빼어나지만 품절인 것 같다. 한편, 여성이 썼기 때문에 더욱 엄혹하게 헨리 밀러를 비판하고 있어서 충분히 견실하나 실로 매력적인 필치로 쓰인 메리 V. 디어본Mary V. Dearborn의 『이 세상에서 제일 행복한 남자—헨리 밀러의 생애와 작품The Happiest Man Alive』도 읽을 만하다. 확실히 이런 전기를 써주는 작가는 틀림없이 행복할 것이다.

사무엘 베케트, 『이름 붙일 수 없는 자』(전승화 옮김, 워크룸프레스, 2016)

"계속해야 한다. 아니 난 계속할 수 없다. 아니 계속해야 한다. 계속하자. 언어를 말해야 한다. 언어가 있는 한 말해야 한다." 현대문학의 윤리를 결정적으로 새긴 이 한마디를 명심해야 한다. 이 책을 포함한 3부작이나 『고도를 기다리며』를 중심으로 사무엘 베케트는 몇 번이나 읽혀야 하고, 또 계속 인용되어야 한다. 덧붙여 졸저 『야전과 영원』의 에피그래피epigraphy는 그의 『잘못 본 것 잘못 말한 것Ill Seen Ill Said』을 새로 번역한 것이다. 전기를 읽는 기쁨을 맛보기 바라며 소개해둔다. 친구가 쓴 대작으로 흥미로운 삽화가 풍성한 제임스 놀슨James Knowlson의 『베케트 전기Damned to Fame: The Life of Samuel Beckett』를 권한다. 베케트의 팬이라면 매일 밤 침상에서 당신의 친구가 되어줄 것이다.

제임스 조이스, 『율리시스』(김종건 옮김, 어문학사, 2016 / 김성숙 옮김, 동서문화사, 2016)

이미 찬사를 보내기 위해 지면을 몇 페이지나 써버렸는지 셀 수도 없는 이 책에 대해 새삼 무슨 말을 더 하겠는가. 전체를 다 읽자마자 다시 첫 페이지로 되돌아가고 싶어진다. 이런 행동을 가능하게 하는 유례를 찾아볼 수 없는 책이다. 무엇이든 읽어도 좋지만 가장 좋은 제임스 조이스 입문은 이탈리아 시대에 그가 나이 차가 꽤 많이 나는 아름다운 소녀에게 썼던 연가戀歌「지아코모 조이스Giacomo Joyce」다. 20세기 연애시의 정수라고도 할 수 있다. 일본어판은 품절인데 도서관에 들르는 노력쯤은 충분히 보상받고도 남는다. 실증적이면서도 읽을거리로서도 명작인 리처드 엘만Richard Ellmann의 『제임스 조이스 전기James Joyce』도 추천한다.

버지니아 울프, 『등대로』(이미애 옮김, 민음사, 2014 등)

"삶 자체를 적나라하게 드러내는 것", 푸코는 현대예술의 힘을 이렇게 표현했다. 그렇다면 버지니아 울프야말로 가장 강력한 힘을 지닌 작가라고 할 수 있지 않을까? 그녀에게 삶은 그야말로 청초한 나체를 드러내는 것! 이 결연하고 근엄한 모습은 우리를 매혹시키고, 우리를 계속 잡아끈다. 그녀는 모리스 블랑쇼가 "누가 그녀보다 총명할까?" 하고 중얼거리게 만든 인물이었다. 게다가 평론도 날카롭고 감동적이었다. 『자기만의 방』을 제외하면 거의 품절상태인 점이 안타깝다. 물론 필독해야 한다.

사카구치 안고, 『타락론』(이미애 옮김, 민음사, 2014)

「일본문화사관」과 「군비는 필요 없다」를 한 권으로 엮어놓은 책은 없을까? 무언가를 창조하려는 사람들의 '창의'와 '반전反戰'을 놀랄 만큼 일관성 있게 결부시키는, 숨이 멎을 듯 압도적인 솜씨! 다른 에세이도 자세를 가다듬고 '정면으로 생각하는' 힘을 보여준다.

후루이 요시키치, 『산조부山躁賦』(고단샤분게이분코講談社文藝文庫, 2006)

첫머리부터 망연하게 만드는 필치에 의해 조금씩 조용하게 스며들어 퍼지는 무언가에 이끌려 우리는 방황한다. 어디를? 물론 지명은 알려져 있다. 그러나 정말 여기는 어디인가? '정말?' 이 작품은 후루이 요시키치 문학의 결절점을 이루는 걸작이다. 물론 이 직후에 집필한 장편소설의 대표작 『무궁화』도 필독서다. 근작으로는 그가 추구하는 주제의 반복 자체의 집요함이 숨을 멎게 하는 문학적 고양에 도달하고 있다. 『백암연白暗淵』도 꼭 읽기 바란다. 품절인 듯한데 『미우眉雨』, 『긴 마을의 잠長い町の眠り』, 『밤은 지금夜はいま』 등 숨은 걸작이 다수 있다. 헤매야 할 것이다, 우리를 곤혹스럽게 만들어 멈출 수 없는 광활한 미궁을! 놀라야 할 것이다, 이런 글을 쓸 줄 아는 사람이 같은 태양을 보고, 같은 달을 보며, 같은 공기로 숨 쉬고, 같은 언어를 쓰면서, 같은 시대를 살아가고 있다는 사실에!

바뤼흐 데 스피노자, 『에티카』(황태연 옮김, 비홍출판사, 2014 등)

험난한 산이다. 누구든 가까이 갈 수 없다. 다만 한 번이라도 헐떡거리면서 정상에 올라간 그 순간부터 이 책은 하나의 샘이 된다. 삶 속에서 몇 번이나 찾아오는 숨 막히는 고뇌의 밤에 퐁 퐁 솟아나는 시원한 샘물처럼 우리를 위로해준다. 고독한 비탄에 젖은 침실에서 여러분은 누구보다 성실한 스피노자라는 친구를 얻을 것이다.

질 들뢰즈·가타리, 『천 개의 고원—자본주의와 분열증』(김재인 옮김, 새물결, 2001)

온갖 사고의 작업과 사고의 공구와 사고의 악보가 산더미처럼 쌓여 있는 거대한 탁자 같다. 이 책이 읽기 어려운 까닭은 난해하기 때문이 아니다. 지나칠 정도로 성대하게 쌓아 올린 이 사고의 꽃다발을 아낌없이 나누어주는 그들의 비상한 아량에 우리가 당혹스러워하기 때문이 아닐까? 창조하는 사람들에게는 어디에서도 무엇이든 다 끌어낼 수 있는 자극적인 힌트를 선물해준다. 질 들뢰즈 입문으로는 어떤 입문서보다도 본인이 직접 쓴 『대담 1972-1990』(김종호 옮김, 솔출판사, 1993)을 추천한다. 속 깊은 격려와 든든한 단언으로 그득한 이 책은 질 들뢰즈라는 철학자의 본질적인 매력을 명쾌하게 전해준다.

모리스 블랑쇼, 『문학의 공간』(이달승 옮김, 그린비, 2010)

젊은 푸코는 블랑쇼가 되고 싶다고 말했다. 질 들뢰즈도, 피에르 르장드르도, 자크 데리다Jacque Derrida도 그에 대한 찬사를 한 번도 거르지 않았다. 다양한 사람들의 노력으로 상당히 개선되었지만 아직도 일본에서는 모리스 블랑쇼를 충분히 존경하지 않는다. 이 책을 읽어보라. 여기에서부터 시작해야 한다는 것이 분명하다.

월트 휘트먼, 『풀잎』(허현숙 옮김, 열린책들, 2011)

"수다쟁이들의 수다를, 시작과 끝에 대한 수다를, 나는 들었다. / 하지만 나는 처음이나 끝 따위에 언어를 쓰지 않는다. / 예전에 시작이 있었다면 지금도 있다. / 예전에 늙음이나 젊음이 있었다면 지금도 있다. / 언젠가 완성이 있다면 지금도 있다. / 언젠가 천국이나 지옥이 있다면 지금도 있다."

프란츠 카프카, 『카프카 단편집』(권혁준 옮김, 지식을만드는지식, 2011 등)

이런 코너를 엿보고 있는 사람으로서, 이런 인간으로서 살아온 이상, 어느 쪽이든 당신은 카프카를 새롭게 읽어야 한다. 달아나지 않아야 한다. 우선 이 책부터 시작해 다 읽은 다음에는 망연하게 전율하면 된다. 번역의 문제도 있을 수 있지만, 첫 책으로서는 부담 없이 읽을 수 있다고 생각한다.

야나이하라 이사쿠矢內原伊作, 『**자코메티**ジャコメッティ』(미스즈쇼보, 1996)

'예술은 죽었다'는 말은 지리멸렬하고 황당무계한 새빨간 거짓말이다. 의심이 든다면 이 책을 읽어보라. 그림을 그리고, 작곡을 하고, 춤을 배우고, 악기를 켜고, 글을 쓰는 숱한 사람들에게 용기를 주는 책이다. "어쨌든 계속해야 한다. 절대로 포기해서는 안 된다." "지금까지 무엇을 해왔을까. 여기서부터 시작해야 한다. 드디어 시작이다!"

제프 챙, 『힙합 제너레이션—'스타일'로 세계를 변화시킨 젊은이들 이야기』(에버리, 2007)

이렇게도 많은 정결한 기도의 목소리와 악한 더러움을 모조리 삼키면서 우리는 계속 앞으로 나아가야 한다. 힙합은 설계로 만들어진 인공적 환경을 '안에서 균열'시킴으로써 태어났다!

피에르 르장드르, 『르장르드와의 대화』ルジャンドルとの對話(모리모토 요스케森元庸介 옮김, 미스즈쇼보, 2010)

"나는 과거 그리고 먼 미래에 사는 인간입니다. 현재에 살지 않습니다. 가능한 한 동시대의 인간이 되지 않도록 주의를 기울이고 있을 정도입니다." "독자여, 여기에서 이야기하는 것은 한 늙다리baderne다. '늙다리'를 사전에서 찾으면 '늙어서 편협한 사람'이라는 풀이가 붙어 있다. 나는 늙었다. 그리고 편협하다. 자신의 한계를 알고 있기 때문이다." "나는 단지 인류가 언제나 알고 있었던 것을 새로운 방식으로 쓰고 있을 따름이다." 애를 태우며 현재를 살아가려는 인간의 경솔한 분노를 불러일으킬 수도 있지만 고요하게 미소를 머금으며 도발하고 있다! 덧붙여 일본어판의 옮긴이 모리모토 요스케는 압도적인 학식을 갖춘 놀라운 수재다. 그 이름을 새겨두어야 한다.

프리드리히 횔덜린, 『횔덜린 시 전집』(장영태 옮김, 책세상, 2017)

T. S. 엘리엇의 시집도, 파울 첼란의 시집도 서점에서 신간을 구할 수 없다. 앙리 미쇼의 시집도, 주세페 웅가레티Giuseppe Ungaretti의 시집도, 위스턴 오든Wystan Auden의 시집도 마찬가지다. 왜? 팔리지 않기 때문에? 시시껄렁한 책을 연막 치듯 전면에 늘어놓는 한편, 이들의 시는 뒷무대로 밀쳐내 시야에서 치워버리고 무슨 말을 할 것인가? 저항의 목소리로서 간신히 품절을 면한 횔덜린 전집을 단호하게 내미는 바다.

베르톨트 브레히트, 『살아남은 자의 슬픔』(김광규 옮김, 한마당, 2014) 또는 『검은 토요일에 부르는 노래』(박찬일 옮김, 민음사, 2016)

브레히트의 시는 훌륭하다. 물론 그는 본질적으로 극작가다. 그를 20세기 최고의 시인들의 반열에 올려놓으려고 지나친 애정을 드러낸다면 그것은 도리어 폐가 될 것이다. 그의 시에는 알레고리가 넘치고 솔직하기 때문에 지나치게 소박해 보이기 쉽다. 필시 그럴 것이다. 그러나 그가 풍기는 힘찬 진지함을 다른 누구에게서 찾아볼 수 있을까? 그는 웃고, 그는 울고, 그는 화내고, 그리고 그는 함께 괴로워하고 기뻐한다. 세계의 모든 사람과 더불어!

마르쿠스 아우렐리우스, 『명상록』(키와 블란츠 옮김, 다상, 2014 등)

사죄하겠다. 이 책은 '대리'로 뽑았다. 물론 훌륭한 스토아학 파다운 지혜를 살펴보는 데 꼭 필요한 명저지만, 아무래도 그는 '펑키'는 아니다. 스토파학파라면 누구보다도 에픽테토스,[01] 누구와도 비견할 수 없을 만큼 호방하고 활달하며 완벽하게 조심스러운 위대한 에픽테토스를 읽어야 한다. 살아가기 위한 철학은 에픽테토스 한 권으로 충분하다. 그러나 안타깝게도 이 철학자의 신간은 시중에서 구할 수 없다. 그래서 이 황제 철학자로 하여금 노예 철학자를 대신하도록 한 것이다.

『치쿠마 일본문학 038 가네코 미쓰하루―1895~1975ちくま日本文學 金子光晴― 1895-1975』(치쿠마분코ちくま文庫, 2009), **『니시와키 준자부로 콜렉션1 시집1**西脇順三 郎コレクション1 詩集1』, **『니시와키 준자부로 콜렉션2 시집2**西脇順三郎コレクション2 詩集2』 (게이오기주쿠대학출판회慶應義塾大學出版會, 2007)

나는 이들 책을 갖고 있지만 시중에는 품절인 듯하다. 아무쪼록 젊은이들도 쉽게 구해 읽을 수 있도록 여러 가지 판본의 신간을 서점에 갖추어놓기를 바란다. 여하튼 이 두 시인에 대해서는 좋고 싫음을 말해봤자 소용없다. 한 시인은 희비의 모든 것을 내던진 채 유려하고도 섬세하게 사람 사이의 처세가 어렵다는 것을 노래하는 방랑의 시인이다. 또 한 시인은 책을 겨드랑이

---

01 Epictetos: 55?~135?, 고대 그리스의 노예 출신 스토아학파 철학자.

에 끼고 무사시노武藏野 거리를 천천히 걷지만, 담담하게 걷는 가운데 문득 색다른 것이 떠오르는 학식의 시인이다. 나는 그들과 같은 시인이 있다는 사실을 황송하게 여기지 않고서는 일본어로 글을 쓸 수 없다.

셔우드 앤더슨, 『와인즈버그 오하이오』(김선형 옮김, 시공사, 2016 등)

셔우드 앤더슨은 헤밍웨이가 질투를 일으키고, 포크너가 스승으로 섬기고, 헨리 밀러가 절찬을 아끼지 않았던 작가다. 이 이상 무슨 찬사가 더 필요할 것인가. 냉혹할 만큼 삶의 오욕과 비소함을 그려내는 묘사력, 그리고 그것을 조용하게 감싸는 옅은 향기와 희미하게 달콤한 서정……. 사실 맨 첫 책으로는 『앤더슨 단편집アンダソン短編集』(신초분코新潮文庫)을 추천하고 싶지만 품절이다. 만약 헌책방에서 이 뛰어난 단편집을 발견하는 요행을 얻는다면, 차라리 없느니만 못한 옮긴이의 해설은 건너뛰고 읽자.

오에 겐자부로, 『핀치러너 조서ピンチランナー調書』(허호 옮김, 고려원, 1996)

물론 이 작품은 후루이 요시키치와 함께 일본어권 최고의 작가인 오에 겐자부로의 최고 걸작이라고는 말할 수 없을지도 모른다. 처음 오에 겐자부로를 읽는다면 『개인적인 체험個人的な體驗』이나 『죽은 자의 사치死者の奢り』, 『사육飼育』을 권한다. 그러나 이 작품에는 기묘하게 뒤틀리고 일탈에 일탈을 거듭하며 당돌한 느낌을 피할 수 없는 여러 에피소드가 담겨 있다. 그것이 자아내는 현기증 나는 필치를 보라. 그것을 파탄이라고 보고, 실패

작이라고 단정하는 인간도 있다는 것을 안다. 하지만 우리에게 파탄을 두려워하는 겁 많은 작가가 과연 필요할까.

"주저해서는 안 된다. 이미 핀치러너, 즉 대타로 뽑혀 출루했지 않은가. 모리森와 나는 우주적인 의지를 품은 코치에게 지시를 받으면서 지금 달려 나갈까, 아니면 경계하며 대기할까에 집중해야 한다. 더구나 최후에는 자신의 직관으로 선택하고, 우리 자신이 달려야 한다! 리, 리, 리, 리, 리, 리, 리, 리!02"

02 주자가 타자의 집중력을 흩뜨리기 위해 달리면서 내는 소리.

문학은 죽지 않는다, 혁명은 살아남는다

이 책[『잘라라, 기도하는 그 손을』]은 '책을 읽는 것'에 대한 책이다. 책을 읽는다는 것은 다시 읽는다는 것이고, 책을 다시 읽는다는 것은 다시 쓴다는 것이고, 책을 다시 쓴다는 것은 법을 다시 쓴다는 것이고, 법을 다시 쓴다는 것은 '혁명이다!' 하고 이야기하는 책이다.

또한 이 책은 '읽다-쓰다'라는 일을 종이 위에 붓으로 쓰는 일로 한정한 것은 역사적으로 매우 제한적인 시공에서 일어났고, 춤·음악·노래·복식·시·회화·영화 같은 온갖 예술도 '읽다-쓰다'라는 텍스트의 생산으로 생각할 수 있다고 서술하는 책이기도 하다. 그렇기 때문에 이 책은 그것들도 혁명과 떼어내기 힘든 연관성이 있고 문학과 예술과 혁명은 종말을 알지 못할 뿐 아니라 종말을 맞이할 수 없다고 말하는 책이다.

가능하면 넓은 의미에서 '읽고 쓰는 일'에 대해 기술한 책을 여기에서 다룬다는 것은 여러 겹으로 사고의 역선力線[자력선 등과 같이 힘의 방향을 나타내는 선]을 겹쳐서 그릴 수밖에 없는 어떤 굴곡을 잉태한다. 그래서 돌연 이루어지기는 어렵다.

자신을 생각하는 자신을 생각하는 자신을 생각하는 자신을

229

생각하는 자신……. 이런 식으로 무한히 거슬러 올라가는 것은 가능하다고 사람들은 말한다. 그러나 정신의학의 식견을 빌리면 인간에게는 '자신을 생각하는 자신을 생각하는 자신' 정도까지밖에 생각할 수 없다고 한다. 따라서 그 이상의 언어가 쓸데없는 말이 되는 것을 염려하고, 또 자신의 저서를 이야기하는 것에 대한 부끄러움 때문에 이쯤에서 언어의 문을 닫고자 한다.

마지막으로 어떤 성실한 석학에게서 받은 이 책의 모토라고 할 만한 라틴어 어구를 독자들에게 던지고 이 글을 마치고자 한다.

Revolutio ex literatura!(문학에 의한 혁명!)

『시노도스 저널シノドスジャーナル』, 2010년 12월 7일자

니체를 착취하고 자기계발서를 팔아치우는 지금의 출판계는 죽어야 할까?

(혼다 가쓰히로本田カツヒロ와 나눈 대담)

지금 도쿄의 대형서점에 가면 반드시 판매대에 놓여 있을 만큼 문예계와 인문사상계의 화제로 떠오른 책이 있다. 사사키 아타루 씨의 『잘라라, 기도하는 그 손을—'책'과 '혁명'에 관한 닷새 밤의 기록』이 그것이다. 철학, 현대사상, 이론종교학을 전공한 사사키 아타루 씨는 루터나 무하마드 등을 예로 들면서 문학(책을 읽고, 다시 읽고, 쓰고, 다시 쓰는 일)이 이제까지 얼마나 혁명을 이루어왔는지를 이야기한다. 이 책은 실로 사상과 철학의 전문가가 아니라 책을 사랑하는 모든 사람에게 그러한 이야기를 들려주는 양서다.

이 자리에서는 저자인 사사키 아타루 씨를 모시고, '젊은이들의 활자 기피 현상', '출판업계 불황'이라는 목소리는 드높지만 출판서적의 종수는 증가일로에 있는 일본에서 '책의 소비방식'이라는 주제에 대해 이야기를 들었다.

* * *

혼다/ 우선 사상계에 충격을 던져준 처녀작 『야전과 영원』 이후 2년 만에 이 책을 출판한 경위를 듣고 싶습니다.

사사키/ 전작을 출판하고 나서 이렇게 불황에 허덕이는 가운데 감사하게도 문고나 입문서를 집필하지 않겠느냐는 제안을 숱하게 받았습니다. 그러나 그런 책을 쓰면 그 후 모든 것에 대해 눈치 빠르게 한마디를 얹어놓으면서 예능 프로그램에 출연해 평론가연하는 지식인이 되어버릴 것 같은 걱정 때문에 그런 제안은 거절해왔습니다. 그러다가 올해[2010년] 2월에 라임스타의 우타마루 씨와 대담을 나눌 기회가 생겼는데, 그 후 우리 두 사람은 대담을 끝내고 아침까지 술을 마셨습니다. 그때는 라이브 공연으로는 먹고살 수 없다고 생각하던 시대였기 때문에 라임스타는 하드코어를 유지하면서 음반 판매를 위해 싸워온 그룹이라고 할 수 있지요. 또 그는 크레바 씨나 립 슬라임 등 후진을 소개해왔습니다. 그런데 이렇게 존경스러운 선배가 이런 말을 하더군요. "『야전과 영원』 같은 본격적인 학술서를 쓴 것이 미래 세대에게 용기를 주기 위해 사상의 폭을 넓혀주는지는 모르겠어. 사사키 씨는 하드코어인 자기가 좋고 책이 팔리지 않는 자기를 좋아한다고 말하지만, 그건 결국 자기밖에 생각하지 않는다는 말이야." 이 말을 듣고 심각하게 고민했지요. 그래서 존경하는 가와데쇼보신샤의 이름난 편집자 아베 씨에게 속을 털어놓았더니 "사사키 씨가 사적인 자리에서 하는 말은 지금 젊은이들에게 필요한 말이야" 하고 말해주더군요. 그 결과 이 책을 쓰게 되었습니다.

혼다/ 일본의 출판서적 종수는 상승 가도를 달리고 있습니다. 2010년에는 8만 종을 넘겼지요. 이 책에는 이런 말이 나옵니다. "책을 읽어도 이해를 하지 못하면 자신의 능력이 열등하다는 말을 듣는 것 같다. 그런 열등감이나 화를 노리고 변변치 못한 입문서나 자기계발서를 마구 팔아치운다. 이것은 독자를 착취하는 것이다." 이를테면 올해는 『초역 니체의 언어』가 크게 히트했는데, 이 일에 대해 어떻게 생각하십니까?

사사키/ 그 일에 대해서는 이번에 나올 우타마루 씨와 나눈 대담에서도 상세하게 이야기했습니다. 니체는 원작을 꼼꼼하게 읽으면 이해할 수 있습니다. 어려운 말을 하지 않아요. 그런데도 초역 운운하면서 하필이면 니체를 착취하는 겁니다. 니체의 『차라투스트라는 이렇게 말했다』의 마지막 제4부는 자비 출판으로 단 40부를 찍어 그중 7부만 지인들에게 보냈습니다. 그런데 『초역 니체의 언어』는 70만 부가 팔려 엄청나게 돈을 벌었어요. 이런 것을 착취라고 합니다.

혼다/ 신서[01] 붐이라고들 하는데, 오늘날 일본의 출판 상황에 대해서는 어떻게 생각하십니까?

사사키/ 요새 들어 잡지에 논설이 실리지 않는다는 둥, 신서가 그

---

01 新書: 출판물 형식의 하나. B6판보다 작은 판형으로 일반 교양서나 소설 등을 수록한 총서를 말한다.

것을 대신하고 있다는 둥, 모든 출판사가 빚을 지고 있어 겨우 자전거 조업으로 버티고 있다는 둥, 출판 종수를 늘리기 위해 시시한 책만 낸다는 말들을 자주 듣습니다. 이는 독자의 열등감을 파고들어 입문서나 비즈니스 책을 팔아치우는 착취의 구조입니다. 출판업계의 시스템 자체가 틀려먹은 것이지요. 이럴 지경이면 망해버리는 것이 낫습니다. 저는 책이 더는 나오지 않는다고 해도 상관없습니다. 아주 최근까지 그랬듯, 무명의 가난한 노동자로 돌아가면 됩니다. 편집자·경영자·저자 모두 출판을 둘러싼 상황이 잘못되었다고 생각합니다. 아무도 올바르다고, 즐겁다고 생각하지 않습니다. 이익의 배분만 봐도 그렇습니다. 잘 팔리는 작가의 정의는 담당 편집자의 연봉보다 높은 작가라고 무라카미 하루키村上春樹도 골계적으로 말했습니다. 저는 무라카미 하루키를 작가로서 전혀 인정하지 않습니다. 하지만 여럿이 몰려다니지 않고 혼자서 담담하게 작품을 쓰는 고고한 자세만은 존경합니다.

혼다/ 출판 종수가 많다는 점에 대해서는 어떻게 보십니까?

사사키/ 출판 종수가 많은 데 비해 젊은이가 읽어야 할 책은 구할 수 없습니다. 제가 서점에서 책을 고르면 절반쯤은 절판입니다. 에즈라 파운드, 파울 첼란, 니시와키 준자부로,[02] 가네코 미쓰하루 같은 20세기 굴지의 시인들 작품을 손에 넣을 수가 없어요.

---

02 西脇順三郎: 1894~1982, 일본의 시인이자 영문학자로 모더니즘과 다다이즘, 초현실주의 운동의 중심인물이었다.

참으로 괴상망측한 현상이라고 말할 수밖에 없습니다.

혼다/ 하지만 이제 와서 출판 시스템 자체를 바꾸는 것은 한층 더 출판사의 도산을 불러일으킬 위험성이 높다고 생각합니다.

사사키/ 출판뿐만 아니라 다들 이 현재가 유일한 현재이고 변하지 않을 거라고 생각합니다. 그런데 역사를 제대로 공부하면 우리가 움직이기 어렵다고 여기는 현실, 현상, 삶, 독서, 글쓰기 등은 단 100년만 거슬러 올라가도 통용되지 않으며, 국경선을 하나둘만 넘어도 통용되지 않습니다. 변하지 않는다는 말에는 아무런 근거가 없지요.

혼다/ 최근에는 속독이 유행합니다. 정보를 대량으로 확보하는 것을 훌륭하다고 여기는 풍조가 있는데 어떻게 생각하십니까?

사사키/ 대량의 지식을 알면 어떻게 되겠습니까? 죽습니다. 아무리 지식이나 금전을 손에 넣는다 한들, 벌거벗고 태어나 벌거벗고 죽습니다. 독일의 시인이자 사상가인 횔덜린은 이렇게 말했습니다. "죽어가야 할 것에는 환희가 넘치고, 알아야 할 것은 적게 부여받았다." '사사키 씨는 온갖 것을 알고 있지요?' 하는 말을 자주 듣습니다. 그렇지 않습니다. 전혀 모릅니다.

제가 인용하는 저서는 사실 무척 제한되어 있지요. 이번에 낸 『잘라라, 기도하는 그 손을』에서도 니체가 반복적으로 나옵니다. 나머지는 저자 몇 명과 성서뿐이지요. 전공과 관련해 프랑스의 법제사가이자 정신분석가인 피에르 르장드르는 읽고 있지만, 그것뿐입니다. 수적으로는 압도적으로 적은 편이 아닐까요? 그에 비해서는 정보량이 많다는 말을 듣지요. 참된 양서를 되풀이해서 읽으면 정보량은 자연스레 따라오는 법입니다.

혼다/ 올해는 전자서적의 원년이라고 해서 주목을 모으고 있는데요.

사사키/ 옛날부터 있던 일이지요. 별로 대단한 사건은 아닙니다. 파피루스(고대 이집트에서 사용한 문자를 적은 종이 같은 것) 두루마리가 지금의 책과 비슷한 것이잖아요. 인쇄술의 발명에 비하면 사소한 일이고 그저 판매방식이 달라졌을 뿐입니다. 얼마 전까지만 해도 키보드로는 글 쓰는 맛이 나지 않기 때문에 만년필로 쓴다는 사람들이 있었지요. 그러나 옛날에 만년필이 세상에 나왔을 때는 펜이 아니면 글을 쓸 수 없다는 사람이 있었고, 그전에는 거위 털이 아니면 글을 쓸 수 없다는 사람이 있었습니다. 그런 식입니다. 니체는 뜻밖에도 새로운 것을 좋아했어요. 그는 몰링 한센Malling-Hansen의 타자기를 주문했지요. 그는 피아니스트였기 때문에 손가락으로 자판을 눌러 튕기면서 글을 쓰고 싶었던 것이 아니었을까요? 현대사회를 살아갔다면 아이패드iPad 같은 것을 썼을지도 모르지요. (웃음)

혼다/ 이 책이 나오고 나서 반응은 어떠한지요?

사사키/ 저보다 나중 세대를 위해 글을 썼기 때문에 젊은이들이 읽어주면 제일 기쁩니다. 하지만 저보다 연배가 위인 사람이 읽어준다는 게 무엇보다 든든하기도 해요. 출판뿐 아니라 모든 상황이 여의치 않은 시대에는 세대 갈등만큼 한심한 것도 없으니까요. 작가·화가·뮤지션·디자이너·극작가 등 창조적인 작업현장에 몸담은 사람들이 '용기가 생겼다'고 말해주는 게 기쁩니다.

　　　　　＊　　＊　　＊

　『잘라라, 기도하는 그 손을』의 책 띠지에 우타마루 씨가 '어깨
가 펴지고 힘이 난다'고 썼듯, 필자도 이 책을 읽고 출판계에 있
는 사람으로서 가슴을 펼 수 있었다. 이 책의 내용에 관해서는
찬반양론이 있을 수 있겠지만 우선은 꼭 읽어보기 바란다.

　　　　　혼다 가쓰히로,『일간 사이조日刊サイゾ一』, 2010년 3월 20일자

아날렉타Analecta(어록) 시리즈의 제2권을 세상에 선보인다.

대담·강연·수필을 엮은 이 책을 교정하는 동안, '이 한 단락이나 이 한 줄은 한 편의 논문이나 한 권의 저서가 될 만한 주제를 담고 있구나' 하는 생각이 들었다. 아울러 지금은 무난하게 넘어갈 수 있지만 언젠가는 용서받을 수 없는 단순화를 반복하면서 이렇게 난잡하고 무질서하게 논리를 전개해도 좋은지, 혹시나 왜곡되어 흘러가는 것은 아닌지, 때때로 얼마나 걱정어린 한숨을 쉬었는지 모른다. 아니, 때때로가 아니다. 한숨을 쉬지 않은 페이지를 찾는 것이 어려울 지경이다. 아직도 무언가를 이루어냈다는 뿌듯함은 없다. 그저 부채감에 시달리며 과제를 계속 미루고 있다는 회한 비슷한 마음이 클 뿐.

이 책에 수록한 글들은 전부 2010년 말까지 발표한 것이다. 이 발문을 쓰고 있는 현재는 2011년 5월 6일이다. 그럼에도 한 줄도 철회할 필요가 없다고 확신할 수 있다. 이것만이 온전한 기쁨이다.

언제나 감사를 드리고 싶은 사람을 떠올리면 손꼽을 수 없을 만큼 많다. 이 책의 대담에 상대가 되어준 분들은 말할 것도 없

고, 우선 작품의 사용을 허락해주신 재능 있는 젊은 사진가 도야마 유키頭山ゆう紀 씨에게 감사드린다. 그리고 놀랄 만큼 빠른 속도와 정확성으로 작업에 임해주신 가와데쇼보신샤의 아베 하루마사阿部晴政 씨에게도 감사드린다.

2011년 늦봄에 사사키 아타루

대담자 소개

• 호사카 가즈시保坂和志: 1956년생의 소설가. 저서로 『컨버세이션 피스カンバセイション·ピ-ス』, 『살아가는 기쁨生きる歓び』, 『소설의 탄생小說の誕生』, 『고양이의 산책 길猫の散歩道』 등이 있다.

• 이소베 료磯部涼: 1978년생의 음악 저술가. 저서로 『영웅은 언제나 너를 실망시킨다ヒ-ロ-はいつだって君をがっかりさせる』, 『제로 연대의 음악—무너진 10년ゼロ年代の音楽—壊れた十年』(공저) 등이 있다.

• 우타마루宇多丸: 1969년생의 뮤지션이자 라디오 진행자, 문필가. 저서로 『라임스타 우타마루의 마브론 클래식: 아이돌 송 시평 2000~2008ライムスタ-宇多丸の「マブ論classics」: アイドルソング時評2000-2008』, 『시네마 허슬러ザ·シネマハスラ-』 등이 있다.

• 후루이 요시키치古井由吉: 1937년생의 소설가. 주요 작품으로 『들판을 흐르는 강野川』, 『야스라이 꽃やすらい花』, 『백암연』 등이 있다.

• 사카구치 교헤이坂口恭平: 1978년생의 건축가이자 작가. 주요 저서로 『도쿄 0엔 생활 0엔 하우스TOKYO 0円生活 0円ハウス』, 『제로에서 시작하는 도시형 수렵채집생활』 등이 있다.

1

사사키 아타루……

  이제는 꽤 익숙해진 이름이다. 현해탄을 건너 그의 이름과 저
작이 전해진 지 몇 해 만에 고정 독자층도 생길 만큼……. 철학
자인 그가 소설을 썼다는 소식을 듣고 놀라는 동시에 금방 알
아챘다. 그는 한창 혈기왕성하고, 다재다능하고, 이성과 감성의
선이 풍부한 사람답게 틀림없이 세상에 보여줄 것이 많이 남아
있다는 것을……. 그리고 옮긴이로서『이 나날의 돌림노래』야
말로 (의도적이지는 않을지 모르지만) 세상을 놀래기 좋아하는 그의
또 다른 얼굴이라고 말하고 싶다.

  내가 사사키 아타루를 처음 만난 것은 다른 독자들과 비슷하
다. 첫 만남은 '책'이었다.『잘라라, 기도하는 그 손을』이라는 책.
사사키 아타루의 독자 대열에 합류한 사람에게는 이 책이 얼마
나 독자의 지성과 감성을 자극하고 뒤흔들었는지 새삼 언급하
지 않아도 좋을 것이다. 솔직히 말해 나도 이 책을 읽고 마치 어
딘가 정신 한구석이 '뻥 뚫리는' 것 같기도 하고, 무언가의 충격
으로 명치끝이 눌리는 것 같기도 했다. 평소의 독서 체험보다
유별난 강렬하고도 어질어질한 감각에 사로잡혔던 것이다.『잘

라라, 기도하는 그 손을』에 이어 『이 나날의 돌림노래』에서도 독보적인 '책의 혁명성'이라는 명쾌한 명제는 일단 눈이 휘둥그레지고 가슴이 뛰는 징후를 거쳐, 자기도 모르게 빠져들고 나면 헤어 나올 수 없이 발목을 잡히고 만다고 할 수 있을 것이다. 한순간 그가 선뜻 내어준 흥분과 새로움이 어쩌면 '정신의 승리'에 불과할지도 모른다는 의심이 1초쯤 들기도 했지만 말이다. 어쩌면 그만큼 내 속에 똬리 튼 무력감과 정체감이 묵직하다는 반증일지도 모른다는 생각과 함께…….

　여하튼 책의 혁명성, 읽고 쓰는 행위의 전복적인 힘을 역설한 『잘라라, 기도하는 그 손을』을 읽고, 나는 대체로 두 가지 선물을 받았다. 하나는 패배를 거부하는 인류 보편의 용기와 불굴의 정신이고, 또 하나는 인간적 스케일을 넘는 장대한 시간의 스케일이다. 삶보다는 죽음, 밝음보다는 어둠, 참보다는 거짓이 더 가깝게 느껴지던 어둠의 시대를 짊어져야 했던 한국 사회의 시민으로서, 또 저마다 희망의 메아리를 찾아 헤매며 삶의 무게를 견디느라 지친 동시대인으로서, 사사키 아타루라는 철학자와의 만남을 통해 나는 적지 않은 위안을 얻었고, 근시안적이고 속좁은 단견을 넘어설 수 있는 힘이 생겼다. 마치 허접한 것일랑 질척거리는 진흙탕에 내팽개치고 새로운 일보를 내디뎌야 한다는 의지를 쑤석거리는 것 같았으니까.

　나아가 그는 인간의 역사를 훌쩍 뛰어넘고, 인간적 스케일을 훌훌 벗어버린 시간의 개념을 깨우쳐주었다. 반복적으로 나오는 말이지만, 그는 7만~8만 년 전부터 존속해온 음악이나 춤에 비

해 문자와 문학의 역사는 고작 5,000년밖에 되지 않았다고 말
한다. 이 말 한마디가 마치 신호탄처럼 호쾌하고 시원한 비전을
열어젖힌다는 것처럼 느껴졌다. 누군들 상식에 속하는 이 사실
을 몰랐을 리 있을까? 그런데도 '어머나, 맞아. 왜 그걸 생각하
지 못했지?' 하는 새삼스러운 발견에 움찔하는 것, 이것이 사사
키 아타루의 언어가 발산하는 힘이 아닐까.

　문학과 문자의 젊음(미성숙/어린아이)은 역설적으로 인류 이전
의 유구한 시간(성숙/어른 또는 노인)을 우리 앞에 끌어다준다. '저
우주에 비하면 인간은 티끌에 지나지 않는다'는 낡은 순환론의
클리셰가 아니다(물론 이 클리셰도 완전히 무시할 수 없겠지만). 사사
키 아타루의 시간관은 우리가 살고 있는 '지금 여기'가 어디인
지 가늠하게 해주는 우주적 시간관이다.

2

책을 읽는다는 것은 책을 둘러싼 지知의 물결과 만나는 것이고,
책을 쓴 사람과 더불어 그/그녀를 둘러싼 관계의 소용돌이와
만나는 것이라고 생각한다. 『잘라라, 기도하는 그 손을』이 일으
킨 파장을 생각하면 더욱 그렇다. 독자로서 첫 만남이 있은 뒤
청중으로서 두 번째 만남을 가졌다.

　사사키 아타루는 한국 독자들의 열렬한 호응에 힘입어 2014년
2월 25일부터 28일까지 한국을 방문했다. 3박 4일 동안 서울에

서 그는 강연 두 차례를 비롯해 여러 인터뷰와 만남을 가졌다. 그의 방한을 주선한 것은 '21세기의 현대적인 서원'을 꿈꾸는 인문학 책방이자 문화공간인 길담서원의 대표 박성준 선생님이었다. 나는 2월 25일 길담서원에서 열린 강연회에 참석했다. 강연의 제목은 "문학의 피안에서, 문학의 차안에서"였다.

오래전 일이라 기억은 좀 흐릿하지만, 서두에서 그는 3년을 맞이한 일본의 3·11, 즉 동일본 대지진과 후쿠시마 원자력발전소 사고를 계기로 일본 사회에서 반지성주의가 힘을 얻었고, 그 영향으로 아베 정권이 탄생했다고 언급했다. 이 말을 듣고 나는 그가 사유의 세계와 동시에 현실의 정치세계에 과감하게 몸을 내던진 철학자라고 느꼈다. 어쩐지 이런 철학자가 '진짜' 철학자 같아 보인다. 물론 행동이 곧 실천이 아니라는 것은 잘 알고 있지만.

『이 나날의 돌림노래』를 읽으면서 그때 들었던 강연의 핵심을 다시 환기할 수 있었다. 그중 가장 인상 깊은 대목은 '근거Grund'를 둘러싼 담론이었다. 그는 우선 하이데거를 끌어와 '그룬트'라는 개념에 토대를 이루는 대지이자 근거라는 이중의 의미가 있다고 말하고, '근거' 개념의 의의를 차근차근 풀어나갔다. 대지와 근거는 인간이 살아가는 밑바탕이다. 어떤 것도 근거 없이는 존재할 수 없는데, 이 원리를 근거율이라고 한다. 그런데 근거율 자체에는 근거가 없다. 이는 파멸적인 근원이다. 모순이다. 따라서 더 나은 세계를 위해 근거율을 구축해야 한다. 노력해야 한다. 그것은 바로 "새로운 도덕, 새로운 법, 새로운 근거, 새로운

245

이성, 새로운 의미를 창조해내는 것"이고, 그것이야말로 "진정 창조적이고 본원적이고 근원적"(33쪽)이라고 한다.

이러한 요약 자체가 억지스럽다는 것은 잘 안다. 철학은 어렵다. 그러나 전체는 아니더라도 군데군데 사유의 단편을 이해한다면 얼마든지 철학적 사유를 즐길 수 있다고 믿는다. 이를테면 근거 없는 세계는 프리모 레비의 아우슈비츠 수용소 체험을 통해 생생하게 묘사할 수 있다. 강제노동과 굶주림 속에서 겨울을 맞이한 프리모 레비는 먹을 물이 부족해서 물 대신 눈[雪]을 먹으려고 했다. 그러자 나치 병사는 총으로 그를 구타했다. 영문을 모르는 그는 "왜 때리느냐?"고 물었다. 군인이 대답했다. "여기서 '왜?'라는 건 없어." 그러나 '왜?'를 허용하지 않는 곳이 비단 이 세상에 아우슈비츠 수용소뿐일까? 이렇게 보면 결국 '근거'는 '이성'이기도 하다는 것을 이해할 수 있다.

파괴당한 대지에 두 발을 딛고 새로운 근거를 마련하는 일은 예술·철학·정치와 결부되어 있다. 말하자면 근거의 창조는 전인미답의 길이기 때문에 미적이고 예술적이고 감성적으로 구축할 수밖에 없다. 따라서 근거율에는 근거가 없다는 모순은 시와 예술의 창조와 결부된다. 그리고 새로운 근거의 창조, 즉 예술의 창조를 위해서는 노력과 자기단련이 필요하다. 이쯤에서 독자들의 머릿속에는 죽어라 연습하라고 요구하는 재즈 뮤지션 히노 데루마사의 에피소드가 떠오를 것이다(「소설의 언어, 사상의 언어」). 동시에 근거율의 창조가 무근거를 내세우는 음모론, 신비주의, 반지성주의와 싸우는 일이라는 것도…….

잘 알지 못하는 상태에서도 그의 강연은 대단히 매력적이었다. 아주 신선했고, 신체적 반응을 일으킬 만큼 자극적이었다. 그의 철학적인 담론을 듣고 있으면 그 세계에 폭 빠져버리는 경험을 할 수 있다. 나는 그랬다. 기억에 새겨질 만큼 그랬다.

3

『이 나날의 돌림노래』는 크게 두 계열의 글로 구성되어 있다. 하나는『잘라라, 기도하는 그 손을』이 대표하는 그의 철학적 담론과 비평 계열에 속하고, 다른 하나는 새롭게 만나는 랩과 힙합이라는 장르를 둘러싼 글이다.

그러나 말하자면 그렇게 구별할 수 있다는 말일 뿐, 문자와 문학과 책 이야기 속에 음악과 춤에 관한 이야기가 자연스레 섞여 있다. 그의 명제는 이렇다. "언어는 소리다. 그림이다. 언어는 의미다. 그리고 언어는 흐름이다. 선의 흐름이기 때문에 회화일 수 있다." 이것이야말로『잘라라, 기도하는 그 손을』계열과 비교할 때, 책과 문자의 혁명성을 설파하는 결이 달라진 지점이라고 할까, 좀더 나아간 지점이 아닐까 한다. 단순하게 말하면 그것은 젊은 장르와 나이 든 장르를 통해 시간성과 전복의 또 다른 측면을 이야기하는 것이 아닐까 한다.

사사키 아타루는 이 책에서 몇 번이나 되풀이한다. "문자예술은 아주 젊습니다. 따라서 우리는 어쩌면 다른 예술에 비해 아직 '문자'에 익숙하지 않을지도 모릅니다. (……) 이제 막 걸음마를 시작한 아기처럼 문자를 읽고 쓰는 것일지도 모릅니다."(53~54쪽) 문학은 '고작' 5,000년밖에 안 되는 풋내기 예술이다. 그런데도 문학만으로, 언어만으로 이미 예술이다. 그 안에 의미·노래·그림이 다 들어 있다. 하나의 문장, 한 줄의 글에도 흐름·틈·리듬이 있다. 몸 전체로 글을 쓴다는 것은 곧 춤이다. 춤꾼이 동작의 흐름에 몸을 맡기는 것과 글쓰기의 행위는 똑같다. 그리하여 언어는 하나의 장르나 요소가 아니라 총체적인 장르 또는 종합예술이라고 할 수 있다(「그나저나 얼씨구 왕성하구나」, 197쪽).

그런데 인류의 역사를 헤아릴 수 없는 시간의 길이, 즉 영원에서 바라보고 그 속에서 문자예술의 젊음을 이야기하는 것 자체가 희망이다. 그리고 재즈 음악가의 예를 들어 걸음마 단계인 문자예술에 '근거'를 마련하기 위해 피나는 노력이 필요하다는 것을 강조한다. 사사키 아타루는 "즉흥이란 (단순한) 즉흥이 아니라 무한한 연습 속에 튀어나온 우연의 특별한 발현"임을 힘주어 말한다. 우리는 좌절하기보다는 좀더 힘을 내어 연습해야 한다. 열정을 다해 자기가 추구하는 것에 힘껏 다가가야 한다(「소설의 언어, 사상의 언어」).

위로가 되기도 하고 용기를 주는 얘기가 아닐 수 없다. 그래서인지 그는 위대한 인물이 만년에야 이루어내는 업적을 하나하나 헤아리며 우리 앞에 내놓는다. 예컨대 단테, 세르반테스, 스탕달, 버지니아 울프 같은 작가들은 모진 역경과 주위의 비난을 물리치고 대작을 써냈으며, 디자이너 샤넬은 일흔한 살에 '샤넬 양복'을 완성했다. 고생을 할 만큼 다하고 난 만년에 이르러서야…….이런 논조는 제대로 노력해보지 않고 절망이나 포기를 연기하는 사람들을 질타하는 것이기도 하다.

그가 보기에 세간의 시선에 얽매이지 않고 고난 속에서도 꿋꿋이 자신의 길을 가는 사람들은 정보에 휘둘리지 않는다(휘둘려서는 안 된다). 그는 우리 앞에 질 들뢰즈가 제시한 명제를 꺼내놓는다. "정보는 명령이다. 타락한 정보가 있는 것이 아니라 정보 자체가 타락이다." 이는 정보에 의존하는 현대사회의 세태를 날카롭게 지적하는 말이다. 이 말을 듣고 경각심이 들지 않을 수 있을까? 거리에는 앞을 보지 않는 사람들이 넘쳐나고 있으니 말이다.

그리고 "명령쯤은 네 머리로 생각하라"고 주문한다. 냉소가 묻어나는 명령문이다. 굳이 니체를 끌어오지 않더라도, 자기 자신에게 내리는 명령을 자기 머리로 생각하지 못하고 남의 머리에 의존하는 사람을 '노예'라고 부르지 않을 이유가 있을까? 이런 점에서 그는 승리와 성공의 신화에 몰려다니는 세태도 비판한다. 노예의 삶이다. 아까 앞에서 그가 소설을 썼다고 언급했는데, 그는 자신이 패배한 남자, 실패한 남자 이야기를 썼다고 한다. 그는 힘주어 거듭 말한다. 죽거나 낭패당하는 일도 중요하다고(「패배하는 기쁨, 패배자들의 노래」).

나아가 우리가 생각하는 미래도 거짓이라고 말한다. 이를테면 우리는 사업계획이나 내년도 예산 같은 것을 작성한다. 그러나 미래는 알 수 없기 때문에 이것은 미래가 아니다. 이 미래는 멋대로 날조한 것이다. 망상이다. '내년에 얼마나 수익을 낼까?' 라는 생각 자체가 미래의 과거화라는 것이다. 정신이 바짝 드는 것 같다. 기업이나 정부의 계획과 예산만 그런 것은 아닐 것이다. 사사키 아타루에 기대어 말하자면, 이른바 시테크라는 이름으로 하루, 일주일, 한 달, 심지어는 시와 분 단위로 시간을 쪼개 계획을 세우는 것, 새해가 되면 1년 계획을 세우고, 아이를 낳으면 아이의 진학과 직업까지 장래를 계획하는 것, 이 모든 것이 망상이다.

진정한 미래는 그렇지 않다. 무슨 일이 일어날지 떨면서 응시하는 것이 참된 미래다. 미래에 대한 응시는 극도의 긴장감과 불안과 설렘으로 점철되는 행위다. 사사키 아타루는 만약 평생 동안 계속 미래를 응시한다면 시인처럼 분열병에 걸릴 것이라고 말한다. 시인처럼 할 수는 없겠지만 우리는 망상이 아닌 참미래를 사유하고 꿈꾸어야 한다(「그나저나 얼씨구 왕성하구나」).

4

나는 힙합이나 랩 음악을 즐길 만한 젊은 세대가 아니다(일반적으로 말해 그렇고, 예외적인 사람도 얼마든지 있을 것이다). 랩과 힙합의 차이도 모른다. 사전을 찾아보니 랩은 "강렬하고 반복적인 리듬에 맞춰 읊듯이 노래하는 대중음악"이고, 힙합은 "뉴욕의 흑인

소년이나 푸에르토리코 젊은이들이 1980년대에 시작한 새로운 감각의 음악이나 춤"이라고 한다. 그러면 힙합에 랩 음악이 속하는가 보다. 이런 지경이므로 한국의 랩 음악 비평, 또는 힙합 비평에 관해서도 거의 아는 것이 없다. 다만 이 음악 장르에 대한 대중적 호응이 점점 커지는 모양이니, 힙합이나 랩을 좋아하거나 창작하는 사람들이 「일본어 랩이라는 불량음악」이라는 대담 글을 많이 읽어주기를 희망한다.

생소한 장르이기는 해도, 랩이라는 하나의 특정(어쩌면 마이너) 장르에 대해 이렇게 대담을 나눌 수 있다는 것 자체가 훌륭해 보였고 부러웠다. 왜냐하면 이 글은 랩을 이야기하지만 랩이라는 장르의 울타리를 훨씬 뛰어넘는 인문적 깊이와 폭을 드러내고 있기 때문이다. 나는 랩을 모르면서도 이 글을 번역하는 데 커다란 장애를 느끼지 못했다. 이유는 간단하다. 세세한 내용에 얽매이지 않고도 술술 읽어나갈 수 있기 때문이었다.

이 글은 랩을 통해 어마어마하게 광활한 세계를 종횡무진 활보하다 못해 비행하고 있다. 예를 들어 일본어 랩을 고대 시가의 운율과 라임까지 거슬러 올라가 이야기하는 대목에서는 감탄을 금할 수 없었다. 거기에 비록 과장과 자기도취가 섞였다고 해도 말이다. "일본인이 운율을 맞추지 않았던 시대는 기껏해야 약 100년입니다." 이것이 사사키의 관점이다. 이는 인간적 스케일을 뛰어넘는 인류의 시간을 이야기하는 것과 구조가 동일하다. 그는 심지어 운율의 의의를 부각시키기 위해 마오쩌둥의 한시漢詩까지 꺼내든다. "마오쩌둥과 장제스 중에 민중이 왜 마오쩌둥을 지지했느냐 하면, 장제스는 군인 출신에 한시를 읽지 못했기 때문이라고 합니다. 사실 여부는 모르겠지만 민중이 보기에 장제스는 운율을 못 맞추는 인물로 보였다는 것입니다. 반면 마오쩌둥은 시를 잘 읊었지요. 그 점이 높이 평가받은 듯합니다."(136쪽)

이런 면모야말로 일본어 랩에 대해 오로지 사사키 아타루라는 철학자만 도달할 수 있는 특이점이 아닐까 생각한다. 순수한 청중으로 돌아갔다고 본인이 고백하듯, 그는 한때 '순수한 청중'이 아니었다. 누군가는 그를 '염불 같은 요설 가사에 푹 빠져온 사람'이라고 일컬었고, 그렇기 때문에 '언어적 연상, 압운의 풍부함과 도발'이 엿보인다고 평가했을 정도다. 또한 이 글이 나오기까지는 그의 과거와 현재가 빚어낸 간극, 즉 '내부에 있을 것 같은데 외부에 있는 사람'이라는 위상도 비중 있게 영향을 미쳤다고 스스로 말한다.

랩은 정치성이 강한 음악 장르라고 알고 있다. 이때 정치성이란 강성의 정치적이고 전복적인 주장을 비롯해 넓은 의미의 정치성, 또는 미시적 관점의 정치성까지 아우른다. 이 글을 읽으면서 내가 한국의 힙합과 랩 음악이 정치성 때문에 화제에 오른 이야기를 기억하지 못한다는 것에 생각이 미쳤다. 그 점이 못내 아쉬웠다. 언젠가 한국 랩 음악을 둘러싸고 무한한 우주공간과 치열한 삶과 정치의 현장을 아우르는 담론이 들려오기를 기대해본다.

5

'혜성처럼 나타난 일본의 비평가'라는 수식어가 붙은 인물로는 다 알다시피 가라타니 고진, 아사다 아키라, 아즈마 히로키 등을 들 수 있다. 이들보다 한 세대를 더 올라간 근대비평가로서는 저 유명한 고바야시 히데오와 요시모토 다카아키를 빼놓을 수 없다. 이들의 반열에 사사키 아타루가 합류한 셈이다. 그런데 그들 속에서 사사키 아타루는 어떤 조직이나 네트워크에 속하지 않는 '독불장군'의 이미지가 강하다.

그러고 보니 그가 길담서원에서 강연할 때 자기소개를 한 것이 기억난다. 그는 일본의 최북단인 쓰가루津輕 지방에서 태어났다. 고대 일본 도호쿠 지방과 홋카이도 지역에 살던 변경 거주 집단을 '에조'라고 부른다. 스스로를 '에조' 민족의 후예라고 하면서, 그는 일본의 중앙정권 지배에 저항했던 '야만족'과 자신의 정체성을 연결 지었다. 그에 따르면 쓰가루 지방은 아직도 자살률이 높고 최저임금과 장시간 노동에 시달리기 때문에 남성의 평균수명이 짧다고 한다. 그 자신도 가난한 집 자식이며, 육체노동에 종사해 학비를 벌어 도쿄대학에 입학했다고 한다. 그가 스스로를 변방·경계·소수성 같은 것과 연관시키고 있음을 엿볼 수 있다.

사사키 아타루는 쉽게 짐작할 수 있듯(?) 좀 괴짜인 듯하다. 더럽고 좁은 방 안, 책장 한구석에는 질 들뢰즈와 펠릭스 가타리의 저서 『천 개의 고원』이 꽂혀 있고(이 책에는 '자본주의와 분열증'이라는 부제가 떡하니 붙어 있다), 그 책에 빽빽하게 붙여놓은 포스트잇을 볼 때 그가 열 번 넘게 그 책을 읽었다는 묘사가 나온다. 대담자 사카구치 교헤이의 폭로를 가장한 찬사다. 과연 독신 남성의 냄새가 풀풀 풍기는 것 같은 묘사에서 그야말로 괴짜의 모습이 저절로 떠오른다. 그러나 그 이면에 그는 주위 사람들과 따뜻한 공동체를 실현하고 있는 푸근한 이웃의 모습으로 그려진다(예를 들어 '제로학원' 이야기, 「'다음의 자유'로 향하다」).

나는 최근에 페이스북과 트위터에서 사사키 아타루를 따라다니고(팔로우하고) 있다. 잠깐 그의 근황을 소개하자면, SNS를 통해서는 주로 정치적 신념이랄까, 정치적 행동에 앞장서는 시민의 양식을 알리는 발언을 내보내고 있다. 투표 인증 샷을 올리기도 하고, 재무성의 공문서 위조에 대해 내각의 총사퇴를 주장하기도 한다. 지난 4월 13일자 페이스북에는 국회 앞 집회를 알리면서 "정상적인 정치! 이 나라에 정의를! 아베 정권에 총사직을!" 같은 구호를 내걸었다.

좀 눈에 띄는 것은 4월 7일자 페이스북에서 교토 시내 택시 운전사의 인종차별 발언에 대해 문제를 제기한 문장이었다. 그는 교토에서 "택시를 열 번 타면 예닐곱 번은 '중국인', '한국인', '외국인'을 매도하는 운전사를" 만나는데, 그때마다 운전사에게 항의하고 기관에 보고하는 조치를 취한다고 한다. 그러나 개선의 조짐이 없다면서 "외지인을 차별하고, 그 차별의 쾌감을 나눔으로써 결속을 다지는" '헤이트 택시'에 대한 각성과 경계를 촉구하고 있다.

『이 나날의 돌림노래』는 체계를 갖춘 한 권의 책이 아니라 모음집이기 때문에 앞뒤 순서를 바꾸어 읽어도 상관없고 건너뛰어도 상관없다. 하나하나 독립적이고 개별적인 메시지를 발신하고 있지만, 그 밑바닥에는 사사키 아타루라는 지성인이 이 세상에 던지는 화두가 저류를 이루고 있다.

아마도 다른 책처럼 독자들은 자꾸 페이지를 넘기고 싶은 마음이 들 것이다. 내가 사사키 아타루의 글을 좋아하는 이유 중 하나는 내가 좋아하는 사람들이 잔뜩 나온다는 것이다. 프리모 레비의 『가라앉은 자와 구조된 자』를 비롯해 잊고 있던 작품이나 작가를 다시 만날 수 있다. 또한 만나고 싶은 사람들도 잔뜩 나온다. 언젠가 화가 브뤼헐, 만화가 사이바라 리에코 같은 인물도 만나보고 싶다.

마지막으로 제목에 관해 한마디 덧붙이고 싶다. 이 책의 제목 『이 나날의 돌림노래』는 원제 'この日々を歌い交わす'를 직역한 표현인 '이 나날들을 서로 노래한다'를 살짝 빗겨나갔다. 그러나 우리말 '돌림노래'의 풀이를 보았더니 이러했다. "같은 노래를 일정한 마디의 사이를 두고, 일부가 먼저 부르고 나머지가 뒤따라 부르는 합창." 이 풀이를 읽고 나서 '돌림노래'라는 말을 꼭 쓰고 싶어졌다. 원어보다 더 가슴에 와 닿았기 때문이다.

2018년 늦봄에 김경원

KONO HIBI O UTAIKAWASU—ANAREKUTA 2

by SASAKI Ataru

Copyright © 2011 SASAKI Ataru

All rights reserved.

Originally published in Japan by KAWADE SHOBO SHINSHA LTD.

PUBLISHERS, Tokyo.

Korean translation rights arranged with KAWADE SHOBO SHINSHA LTD.

PUBLISHERS, Japan through THE SAKAI AGENCY and BC AGENCY.

이 나날의 돌림노래

2018년 6월 29일 초판 1쇄 발행

지은이 | 사사키 아타루
옮긴이 | 김경원
펴낸곳 | 여문책
펴낸이 | 소은주
등록 | 제25100-2017-000053호
주소 | (03482) 서울시 은평구 응암로 142-32, 101동 605호
전화 | (070) 5035-0756
팩스 | (02) 338-0750
전자우편 | yeomoonchaek@gmail.com
페이스북 | www.facebook.com/yeomoonchaek

ISBN 979-11-87700-23-4 (03300)

이 도서의 국립중앙도서관 출판시도서목록(cip)은 e-CIP 홈페이지(http://www.nl.go.
kr/ecip)에서 이용하실 수 있습니다(CIP 제어번호: 2018017095).

여문책은 잘 익은 가을벼처럼 속이 알찬 책을 만듭니다.